VORBEMERKUNG

Diese Bibliographie ist zum siebzigsten Geburtstag von Leonhard Ragaz (28. Juli 1938) herausgegeben worden und wollte einen Überblick über dessen schriftstellerisches Werk bieten, soweit dasselbe im damaligen Zeitpunkt vorlag. Sie wurde ergänzt durch die Arbeiten, die Leonhard Ragaz selber noch bis zu seinem am 6. Dezember 1945 erfolgten Hinschied veröffentlicht hat, oder die seither aus seinem Nachlass herausgegeben wurden.

Schon durch die blosse Aufzählung der einzelnen Arbeiten lässt solch eine Bibliographie den Reichtum und die Mannigfaltigkeit dieses aussergewöhnlichen Werkes ahnen; sie vermag auch einen Einblick in die geistige Entwicklung des Autors und in das Ausmass der von ihm bearbeiteten Probleme zu vermitteln; nicht zuletzt zeugt sie aber auch von dessen lebendiger Anteilnahme am Zeitgeschehen und von seiner leidenschaftlichen Stellungnahme im ganzen Kampf der Zeit.

Die Bibliographie gliedert sich in vier Hauptgruppen. Deren erste führt die Bücher und selbständig erschienenen Schriften an. Die zweite, weitaus grösste Gruppe umfasst die in der Zeitschrift «Neue Wege» erschienenen Arbeiten. Die dritte enthält die in andern Zeitschriften oder in anderen Werken und in Zeitungen veröffentlichten Beiträge. Die vierte Gruppe endlich gibt einige Übersetzungen in andere Sprachen an.

A. BÜCHER UND SCHRIFTEN

I. BÜCHER UND
SELBSTÄNDIG ERSCHIENENE SCHRIFTEN

1. *Der Kampf um den Alkohol.* 1896, Chur. In 3. Aufl. zusammen mit DOM. BEZZOLA, «Alkohol und Vererbung», herausgegeben, Chur 1901.

2. *Evangelium und moderne Moral.* Vortrag, gehalten an der Jahresversammlung der Schweiz. reform. Prediger-Gesellschaft in Chur 1897. 1898, C. A. Schwetschke und Sohn, Berlin. S. C II Nr. 3.

3. *Männliches Christentum.* 1900, Schriften des schweiz. Vereins für freies Christentum, Verlag Frick, Zürich. S. C II Nr. 6.

4. *Alkohol und Gemütsleben.* Vortrag, gehalten an der IV. schweiz. Abstinententagung in Basel, Juli 1902. Zusammen mit ERNST STÄHELIN, «Alkohol und Familie», Bern 1902.

5. *Selbstbehauptung und Selbstverleugnung.* Ein Gegenwartsproblem. Vortrag, 1904, C. F. Lendorff, Basel. Neu herausgegeben 1922 im Rotapfel-Verlag, Erlenbach.

6. *Du sollst!* Grundzüge einer sittlichen Weltanschauung. 1904, Verlag von Gerstung und Genossen, Ossmannstedt bei Weimar. 2. Aufl. 1911.

7. *Zeitkultur, Bildungsideal, Schule.* Vortrag, gehalten im freisinnigen Schulverein, Basel. 1905, Verlag von B. Wepf & Cie., Basel.

8. *Girolamo Savonarola.* Ein Prophetenleben. Vortrag. 1905, Buchdruckerei J. Frehner, Basel. S. C IV Nr. 11.

9. *Das Evangelium und der soziale Kampf der Gegenwart.* Vortrag, gehalten an der Jahresversammlung der Schweiz. Prediger-Gesellschaft in Basel. September 1906. In erweiterter Form erschienen im Verlag von C. F. Lendorff, Basel, 1906. 2. Aufl. 1907. S. C II Nr. 9.

10. *Der sittliche Kampf der heutigen Frau.* Vortrag. 1907, Verlag von C. F. Lendorff, Basel. Zwei Auflagen. Neu herausgegeben 1911 (s. Nr. 14).

11. *Kapitalismus, Sozialismus und Ethik.* Nach einem im Grütliverein Gross-Basel gehaltenen Vortrag, 1907, Verlag der Buchhandlung des Schweiz. Grütlivereins, Zürich.

12. *Jesus Christus und der moderne Arbeiter.* Vortrag, gehalten in verschiedenen Arbeitervereinen. 1908, Verlag der Buchhandlung des Schweiz. Grütlivereins, Zürich.

13. *Dein Reich komme!* Predigten aus den Jahren 1904 bis 1908 am Münster in Basel. 1908, Verlag von Helbing & Lichtenhahn, Basel. 2. vermehrte Aufl. 1911. Neu herausgegeben in zwei Bänden 1922 im Rotapfel-Verlag, Erlenbach. S. D Nr. 1.

14. *Was will und soll die Frauenbewegung?* Zwei Vorträge. 1911, Verlag der Buchhandlung des Schweiz. Grütlivereins, Zürich. Enthält Nr. 10 in 3. Aufl. und einen Vortrag über Frauennatur und Frauenbewegung.

15. *Die Prostitution, ein soziales Krebsübel.* Vortrag. 1912, Verlag der Buchhandlung des Schweiz. Grütlivereins, Zürich.

16. *Über den Sinn des Krieges.* Vortrag, gehalten vor der Zürcher Freistudentenschaft. 1915, Verlag Orell Füssli, Zürich.

17. *Die geistige Unabhängigkeit der Schweiz.* 1916, Schweizer Zeitfragen, Verlag Orell Füssli, Zürich. Enthält neben Beiträgen von SEIPPEL, ZÜRCHER und DE QUERVAIN drei Aufsätze von RAGAZ. S. C III Nr. 4, 5, 6 und D Nr. 2.

18. *Die neue Schweiz.* Ein Programm für Schweizer und solche, die es werden wollen. 1917, Verlag W. Trösch, Olten. 2. und 3. Aufl. 1918. 4. Aufl. 1919. S. D Nr. 3.

19. *Die pädagogische Revolution.* Zehn Vorlesungen zur Erneuerung der Kultur, gehalten im Sommersemester 1919 an der Universität Zürich. 1920, Verlag W. Trösch, Olten. Zwei Auflagen. S. D Nr. 4.

20. *Ein Sozialistisches Programm.* Von MAX GERBER, JEAN MATTHIEU, CLARA und LEONHARD RAGAZ, DORA STAUDINGER. 1919, Verlag W. Trösch, Olten. Von Ragaz stammt der erste Teil: Die Prinzipien. Ferner im zweiten Teil Kapitel II: Das politische Programm.

21. *Sozialismus und Gewalt.* Ein Wort an die Arbeiterschaft und ihre Führer. 1919, Verlag W. Trösch, Olten. Zwei Auflagen. S. D Nr. 5.

22. *Politik und Gottesreich.* Vortrag, gehalten an der Landsgemeinde der «Evangelischen Freischar», Pfingsten 1919. Freischar-Bücherei Nr. 1.

23. *Sozialismus und Völkerbund.* 1920, Verlag Conzett, Zürich.

24. *Weltreich, Religion und Gottesherrschaft.* Zwei Bände. 1922, Rot-apfel-Verlag, Erlenbach. Enthält vor allem Aufsätze aus «Neue Wege». S. B I u. II.

25. *Der Kampf um das Reich Gottes in Blumhardt, Vater und Sohn – und weiter!* 1922, Rotapfel-Verlag, Erlenbach. 2. Aufl. 1925. S. B II Nr. 35 und 39 und D Nr. 6.

26. *Die Erlösung durch die Liebe.* 1922, Rotapfel-Verlag, Erlenbach. S. B II Nr. 25.

27. *Theosophie oder Reich Gottes?* 1922. Rotapfel-Verlag, Erlenbach. S. B II Nr. 36.

28. *Judentum und Christentum.* Ein Wort zur Verständigung. Vor-trag. 1922, Rotapfel-Verlag, Erlenbach.

29. *La Démocratie nouvelle.* 1923, Collection du Nouvel Essor, Edi-tions Forum, Neuchâtel, Genève, Paris. S. C III Nr. 17.

30. *Dienstverweigerung und Zivildienst.* Erläuterung und Begründung zur Zivildienstpetition. 1923. Herausgegeben vom Initiativ-komitee.

31. *Die Abrüstung als Mission der Schweiz.* Herausgegeben von der Zentralstelle für Friedensarbeit, 1924. Drei Auflagen. S. B III Nr. 27 u. D Nr. 7.

32. *Die Bedeutung Woodrow Wilsons für die Schweiz und für die Welt.* Vortrag, gehalten an der Wilson-Gedächtnisfeier in Zürich, April 1924. Schriften der Schweiz. Vereinigung für den Völker-bund.

33. *Die heutige religiöse Lage und die Volksschule.* Sechs Vorträge von LUDWIG KÖHLER und LEONHARD RAGAZ, herausgegeben von der pädagog. Vereinigung des Lehrervereins Zürich, 1925. Vorträge von L. R.: I. Der Religionsunterricht und die Krise der Religion und Kultur. II. Katholizismus und Protestantis-mus und der Wiederaufbau der religiösen Kultur. III. Der neue Weg der religiösen Bildung.

34. *Unsere Lebensführung im Dienste des Reiches Gottes.* Verlag der Ver-einigung der Freunde der «Neuen Wege», 1927. S. B II Nr. 52.

35. *Von Christus zu Marx – von Marx zu Christus.* 1929, Verlag Hans Harder, Wernigerode/Harz. Vier Vorträge: I. Welche Welt-anschauung gehört zum Sozialismus? II. Was denken wir über

Geschichtsmaterialismus und Klassenkampf? III. Was heisst: sozialistisch leben? IV. Christentum und Sozialismus. S. D Nr. 8.

36. *Sinn und Werden der religiös-sozialen Bewegung.* Vortrag, gehalten an der religiös-sozialistischen Konferenz in Caub a. Rh., April 1931. Verlag der Religiös-sozialen Vereinigung, Zürich 1936. S. B II Nr. 79 und C II Nr. 35.

37. *Dient das Milizheer dem Frieden?* Ohne Angabe des Verfassers herausgegeben von der Zentralstelle für Friedensarbeit, Zürich 1932. S. D Nr. 9.

38. *Die Botschaft vom Reiche Gottes.* Ein religiös-soziales Bekenntnis. Von ROBERT LEJEUNE und LEONHARD RAGAZ. Verlag der Religiös-sozialen Vereinigung, Zürich 1933. Enthält B II Nr.69.

39. *Die Erneuerung der Schweiz.* Ein Wort zur Besinnung. Herausgegeben von der Religiös-sozialen Vereinigung, Zürich 1933. Zwei Auflagen.

40. *Messages d'un Chrétien.* Traduit par H. Roser. Editions «Je sers», Paris 1936. Enthält B I Nr. 78, 84, 85, 94, 109. Enthalten in Nr. 45.

41. *Reformation nach Vorwärts oder nach Rückwärts?* Eine Kampfschrift. Verlag der Religiös-sozialen Vereinigung der Schweiz, Zürich 1937. S. B II Nr. 81.

42. *Das Reich und die Nachfolge.* Andachten. 1938. Verlag Herbert Lang & Cie., Bern. Gesammelte Betrachtungen aus «Neue Wege» 1925–1937. S. B I.

43. *Gedanken.* Aus vierzig Jahren geistigen Kampfes. Leonhard Ragaz zu seinem siebzigsten Geburtstag gewidmet von seinen Freunden. 1938, Verlag Herbert Lang & Cie., Bern. (Enthält eine Auswahl von Worten von L. R., nebst einer Einführung von Paul Trautvetter und einer Bibliographie, bearbeitet von R. Lejeune.) 2. Aufl. 1951.

44. *Neuer Himmel und neue Erde!* Ein religiös-sozialer Aufruf von OTTO BAUER und LEONHARD RAGAZ. Herausgegeben von der Religiös-sozialen Vereinigung der Schweiz, Zürich 1938. S. B II Nr. 88.

45. *Nouveaux cieux, terre nouvelle.* Traduit par H. Roser. Editions de «La Réconciliation». Aubervilliers (Seine). (1938.) Enthält 36

Betrachtungen aus «Neue Wege» 1926–1937, von denen 30 auch in Nr. 42 aufgenommen wurden. S. B I u. A I Nr. 40.

46. *Das Programm des Friedens.* Ohne Angabe des Verfassers herausgegeben von der Weltaktion für den Frieden (RUP), Schweizer Zweig (1939). Schriftenreihe des RUP Nr. 3. S. B III Nr. 70.

47. *Noch ein Kampf um die Schweiz.* Dokumente zum Kampf mit der Pressezensur. Vereinigung der Freunde der «Neuen Wege», Zürich 1941. S. B III Nr. 74.

48. *Sollen und können wir die Bibel lesen und wie?* Mit Anhang: Falsche Übersetzungen der Bibel von welt- und reichsgeschichtlicher Bedeutung. Herausgegeben von der Religiös-sozialen Vereinigung der Schweiz, Zürich 1941. S. B II Nr. 83 und 95.

49. *Die Botschaft vom Reiche Gottes.* Ein Katechismus für Erwachsene. Verlag Herbert Lang & Cie., Bern 1942.

50. *Das Glaubensbekenntnis.* Zur Bekenntnisfrage. Mit einer Erklärung des Apostolischen Glaubensbekenntnisses. Herausgegeben von der Religiös-sozialen Vereinigung, Zürich 1942. S. B II Nr. 100.

51. *Israel – Judentum – Christentum.* Herausgegeben von der Religiös-sozialen Vereinigung, Zürich 1942. 2. Aufl. 1943.

52. *Das Unservater.* Von der Revolution der Bibel, I. Herausgegeben von der Religiös-sozialen Vereinigung, Zürich 1943. S. B II Nr. 102.

53. *Die Zehn Gebote.* Von der Revolution der Bibel, II. Herausgegeben von der Religiös-sozialen Vereinigung, Zürich 1943. S. B II Nr. 108.

54. *Die Gleichnisse Jesu.* Verlag Herbert Lang & Cie., Bern 1944.

55. *Die Schweiz vor der Lebensfrage.* Ein Ruf zum Erwachen. Ohne Angabe des Verfassers herausgegeben von der Weltaktion für den Frieden (RUP), Schweizer Zweig (1944). Schriftenreihe des RUP, Nr. 6.

56. *Die Schweiz im Kampf um den Frieden.* Programm des schweiz. Zweiges der Weltaktion für den Frieden (RUP). Ohne Angabe des Verfassers herausgegeben vom schweiz. Zweig des RUP (1945).

57. *Die Bergpredigt Jesu.* Verlag Herbert Lang & Cie., Bern 1945.

58. *Die Geschichte der Sache Christi.* Verlag Herbert Lang & Cie., Bern 1945.

59. *Die Bibel – eine Deutung.* Sieben Bände. Diana Verlag Zürich 1947 ff.
    Band   I: Die Urgeschichte. 1947.
    Band II: Moses. 1947.
    Band III: Die Geschichte Israels. 1948.
    Band IV: Die Propheten. 1948.
    Band   V: Jesus. 1949.
    Band VI: Die Apostel. 1950.
    Band VII: Johannes, Evangelium und Offenbarung. 1950.

60. *Das Reich Gottes in der Bibel.* Herausgegeben von der Religiössozialen Vereinigung, Zürich 1948. S. B II Nr. 121.

61. *Die Toten und wir.* Herausgegeben von der Neuen religiössozialen Vereinigung. Zürich 1951. S. A IV Nr. 29 und B I Nr. 194.

II. EINZELN HERAUSGEGEBENE PREDIGTEN, GRABREDEN U. A.

1. *Grabrede auf Ida Gamser.* Gehalten am 1. Juli 1896 in Chur.

2. *Leichenrede auf Bundesrichter Andreas Bezzola.* Gehalten am 13. Januar 1897 in Chur.

3. *Rede zum 25jährigen Jubiläum der Professoren Candreja, Hosang und Muoth.* Gehalten 1898 in Chur.

4. *O Land, höre des Herrn Wort!* Zwei vaterländische Predigten, gehalten während der Calvenfeier in Chur. 1899. Commissionsverlag von L. Hitz.

5. *Leichenrede auf Hans Mettier,* Redacteur des «Grütlianer». Gehalten am 14. August 1901 in Chur. Zürich, Buchdruckerei des Schweiz. Grütlivereins.

6. *Konfirmationsrede,* gehalten am Palmsonntag 1904 im Münster zu Basel.

7. *Busse und Glauben.* Bettagspredigt, gehalten im Münster zu Basel. 1905, Verlag C. F. Lendorff, Basel.

8. *Konfirmationspredigt*, gehalten am Palmsonntag 1908 im Münster zu Basel. Buchdruckerei R. G. Zbinden, Basel.

9. *Gottesdienst und Parteidienst*. Predigt, gehalten im Münster zu Basel. 1908, Verlag von Helbing & Lichtenhahn, Basel.

10. *Nicht Friede, sondern Schwert!* Predigt, gehalten im Dezember 1912 in der Kirche von Oberstrass in Zürich. 1912, Verlag der Buchhandlung des Schweiz. Grütlivereins, Zürich. S. D Nr. 10.

11. *Leichenrede auf Prof. Dr. Heinrich Schiess-Gemuseus*. Gehalten im September 1914 in Basel.

12. *Rede an der Kremation von Dr. Emil Hilfiker*. Gehalten am 28. Januar 1933 in Zürich.

13. *Rede an der Kremation von Maria Arbenz*. Gehalten am 10. Februar 1933.

III. FLUGSCHRIFTEN

1. *Der Zürcher Generalstreik* (1912). S. B IV Nr. 5.

2. *Die Schweiz im Weltbrand*. Von Helveticus. September 1914. S. C III Nr. 3.

3. *Ein Mene Tekel* (Zu den Genfer Ereignissen) (1932). S. B IV Nr. 117.

4. *Das Kreuz Christi und das Hakenkreuz* (1933). S. B II Nr. 71 und D Nr. 11.

5. *Revision oder Verrat?* Zur sozialistischen Militärdebatte (1933). S. B III Nr. 59.

6. *Thesen zum Militärprogramm der Sozialdemokratie* (1933). Ohne Angabe des Verfassers herausgegeben von der Zentralstelle für Friedensarbeit. S. B III Nr. 60.

7. *Kundgebung der Religiös-sozialen Vereinigung der Schweiz zu den Vorgängen in Österreich* (1934). Ohne Angabe des Verfassers herausgegeben von der Religiös-sozialen Vereinigung. S. B IV Nr. 145.

8. *Der Sozialismus am Scheidewege*. Ein ernstes Wort zur Militärfrage (1934). Ohne Angabe des Verfassers herausgegeben von der Religiös-sozialen Vereinigung. S. B III Nr. 61.

9. *Sozialismus und Landesverteidigung*. Ein Wort zur Parteidiskussion. (1934). S. C III Nr. 29.

10. *Ein letzter Appell an die Christenheit.* (Zum geplanten Überfall auf Abessinien.) (1935). Herausgegeben im Auftrag des Internat. Bundes religiöser Sozialisten. S. B IV Nr. 184.

11. *Wahrheit und Frieden.* Zürich, April 1936. Im Namen Vieler: Dr. L. R.

12. *Gefahr und Rettung.* Ein Ruf zum Erwachen (1938). Ohne Angabe des Verfassers herausgegeben im Namen der Religiössozialen Vereinigung der Schweiz. S. B III Nr. 67.

13. *«Wenn es nach euch gegangen wäre!»* Eine Antwort von L. R., herausgegeben von der Religiös-sozialen Vereinigung der Schweiz. Zürich 1940. S. B III Nr. 71.

14. *Was rettet die Schweiz?* Herausgegeben von der Religiös-sozialen Vereinigung der Schweiz, Zürich 1940. S. B III Nr. 72.

15. *Die Freiheit des Wortes.* Ein Aufruf zu ihrer Rettung. Ohne Angabe des Verfassers herausgegeben von der Arbeitsgemeinschaft «Neue Demokratie» (1941). S. D Nr. 12.

16. *Was haben wir getan?* Ein ernstes Wort zu den Todesurteilen (1942). Flugblatt der Religiös-sozialen Vereinigung.

17. *Ein Aufruf zur Besinnung.* Ohne Angabe des Verfassers herausgegeben von der Arbeitsgemeinschaft «Neue Demokratie» (1943). S. C III Nr. 42.

IV. SEPARATABDRUCKE

1. *Von Recht und Unrecht des Kapitalismus* (1907). S. B III Nr. 1.

2. *Zur gegenwärtigen Umgestaltung des Christentums* (1907). S. B II Nr. 4.

3. *Der Sozialismus und die persönliche Freiheit* (1908). S. B III Nr. 3.

4. *Der Kampf um Jesus Christus* (1910). S. B II Nr. 5.

5. *Christentum und Vaterland* (1911). S. B II Nr. 7.

6. *Pantheismus oder Glaube an den persönlichen Gott?* (1912). S. B II Nr. 8.

7. *Der Klassenkampf* (1912). S. B III Nr. 6.

8. *Zum Generalstreik* (1912). S. B IV Nr. 6.

9. *Friede auf Erden* (1912). S. B IV Nr. 8.

10. *Religiös und Sozial* (1914). S. B II Nr. 11.

11. *Der Kampf gegen die Genußsucht* (1914). S. B III Nr. 8 und D Nr. 18.

12. *Die zwei Wege* (1915). S. B I Nr. 17.

13. *Arbeiterbewegung und Arbeiterbildung* (1916). S. B III Nr. 10.

14. *Was der Einzelne kann* (1917). S. B I Nr. 22.

15. *Das Pfaffentum* (1917). S. B II Nr. 21.

16. *Gottesreich und Kirche* (1917). S. B II Nr. 22.

17. *Die Reformation* (1917). S. B II Nr. 23.

18. *Unser Sozialismus* (1917). S. B II Nr. 24.

19. *Die Religiös-Sozialen – ein Versuch* (1918). S. B II Nr. 26.

20. *Heiligkeit und Liebe* (1918). S. B I Nr. 24.

21. *Der Kampf gegen den Bolschewismus* (1918). S. B III Nr. 15.

22. *In ernster Stunde. Ein Weckruf* (1919). S. B IV Nr. 28.

23. *Sollen wir in den Völkerbund?* (1919). S. B III Nr. 17.

24. *Warum ich meine Professur aufgegeben habe* (1921). S. B V Nr. 9.

25. *Christliche Revolution* (1924). S. C II Nr. 21.

26. *Alfred de Quervain* (1927). S. B V Nr. 24.

27. *Grabrede für einen Israeliten* (1933). S. B I Nr. 103.

28. *Sanherib vor Jerusalem* (1938). S. B I Nr. 150.

29. *Die Toten und wir* (1942). S. B I Nr. 194 und A I Nr. 61.

30. *Die Speisung der Fünftausend* (1944). S. B I Nr. 212.

31. *Vom Hüttenbauen zum Helfen* (1944). S. B I Nr. 213.

32. *Die neuen Himmel und die neue Erde, in denen Gerechtigkeit wohnt* (1944). S. B I Nr. 214.

33. *Die neue Gemeinde* (1944). S. B I Nr. 215.

34. *Die Revolution Christi* (1944). S. B I Nr. 216.

35. *Vom bösen Blick – und vom guten* (1945). S. B I Nr. 218.

36. *Der grössere Christus* (1945). S. B I Nr. 220.

37. *Der Paraklet* (1945). S. B I Nr. 221.

38. *Von der Bedeutung Masaryks* (1945). S. B V Nr. 56.

39. *Von Optimismus und Defaitismus* (1945). S. B I Nr. 225.

40. *Die Weihnachts-Dreiheit* (1945). S. B I Nr. 226.

B. «NEUE WEGE»

BLÄTTER FÜR RELIGIÖSE ARBEIT

Die Zeitschrift «Neue Wege» enthält den weitaus grössten Teil des schriftstellerischen Werkes von Leonhard Ragaz. Ragaz gehörte schon zu den Gründern der Zeitschrift, und wenn er sich auch in den Jahren 1907 bis 1924 mit anderen in die Redaktionsarbeit teilte, so war doch von allem Anfang er es, der den «Neuen Wegen» das Gepräge gab[1]. Unter den weit über 400 stattlichen Heften der «Neuen Wege», die vom No-

---

[1] Der Redaktion der «Neuen Wege» gehörten an:
1907 bis 1909: B. Hartmann, R. Liechtenhan, L. Ragaz.
1910 bis 1911: R. Liechtenhan und L. Ragaz.
1912 bis 1919: J. Matthieu, L. Ragaz, L. Stückelberger.
1920 bis Juni 1921: R. Lejeune, J. Matthieu, L. Ragaz, K. Straub, L. Stückelberger.
Juli 1921 bis April 1924: R. Lejeune und L. Ragaz.
Vom Mai 1924 an führte L. Ragaz die Redaktion allein.
Die ersten 15 Jahrgänge der «Neuen Wege» sind in der Druckerei R. G. Zbinden in Basel erschienen. Mit dem Jahrgang 1922 übernahm der Rotapfel-Verlag in Erlenbach, von dem auch verschiedene Bücher und Schriften jener Zeit herausgegeben wurden, die Herausgabe der Zeitschrift. Doch wurde das Verhältnis zum Rotapfel-Verlag bereits auf Ende 1923 wieder gelöst. Um die damals entstandene kritische Lage zu überwinden und die Herausgabe der Zeitschrift sicherzustellen, wurde die Vereinigung der Freunde der «Neuen Wege» gegründet, in deren Verlag sie fortan erschien. Im Zusammenhang mit dieser Gründung und der neuen Organisation trat R. Lejeune aus der Redaktion aus, um dafür die Leitung der neugegründeten Vereinigung zu übernehmen.

vember 1906 bis zum Dezember 1945 erschienen sind, befindet sich kaum eines, für das Ragaz nicht einen oder mehrere Beiträge geschrieben hätte, und es mutet wie ein Symbol dieser seiner Verbundenheit mit den «Neuen Wegen» an, dass er noch an seinem letzten Lebenstage das Manuskript für das Dezemberheft 1945 fertigstellte.

Am 8. Mai 1941 ist von der Pressekommission der Abteilung Presse und Funkspruch im Armeestab über die «Neuen Wege» die Vorzensur verhängt worden, und die verschiedenen Rekurse, die L. Ragaz als Redaktor und R. Lejeune im Namen des Verlags gegen diese willkürliche Verfügung erhoben, wurden abgewiesen. Da sich indessen weder die Redaktion noch der Verlag dieser entwürdigenden Massnahme der Militärzensur unterziehen wollten, mussten die «Neuen Wege» mit dem – bereits gedruckten, aber am Versand verhinderten – Maiheft 1941 ihr öffentliches Erscheinen einstellen. Als Ersatz für die Zeitschrift erhielten die Abonnenten aber vertrauliche Sendungen, die zunächst nur einzelne für die «Neuen Wege» bestimmte Beiträge enthielten, mit der Zeit aber wieder fast völlig den früheren Heften entsprachen [1]. Da diese «illegalen» Sendungen in glei-

---

[1] Vom Zeitpunkt der Unterdrückung der «Neuen Wege» an wurden bis Ende des Jahres 1941 13 vertrauliche Sendungen von verschiedenem Umfang mit 10 Beiträgen von L. Ragaz, 3 Beiträgen von R. Lejeune und je einem Beitrag von M. Buber, O. Hürlimann und M. Wolff verschickt. Im Jahre 1942 erfolgten regelmässige monatliche Sendungen im ungefähren Umfang der «Neuen Welt». Vom Januar 1943 an hatten die Sendungen wieder ganz den Charakter der früheren Zeitschrift, mit durchgehender Paginierung, vom Mai 1943 an auch mit besonderem Umschlag, wenn auch noch ohne Aufdruck des Titels.

cher Auflage, in gleichem Satz und Format gedruckt wurden, wie die frühere Zeitschrift, sind sie von den Abonnenten wohl in ähnlicher Weise gesammelt und aufbewahrt worden wie die Hefte der Zeitschrift und dürften deshalb fast ebenso zugänglich sein wie jene, wiewohl der Zwang zur «Illegalität» eine grosse Erschwerung für die Verbreitung bedeutete. Nach immer wieder erneuerten Eingaben an die zuständigen Instanzen erreichte der Präsident der Vereinigung endlich im Juli 1944 – begünstigt durch die neue politische Konstellation – die Aufhebung der Vorzensur, so dass die «Neuen Wege» mit dem zweiten Halbjahr wieder offen erscheinen konnten. Von diesem Zeitpunkt an erschienen sie in neuem Gewande – schon früher hatte die Zeitschrift mehrmals ihr äusseres Gewand gewechselt – und trugen fortan den Untertitel: «*Blätter für den Kampf der Zeit.*»

Manche der unter A aufgeführten Arbeiten sind ursprünglich in den «Neuen Wegen» erschienen, und insbesondere die grossen Sammelbände «Weltreich, Religion und Gottesherrschaft» und «Das Reich und die Nachfolge» enthalten Arbeiten, die L. Ragaz erst für die Zeitschrift geschrieben hatte. Diese Arbeiten werden hier nochmals aufgeführt, da sich erst auf diese Weise ein genaueres Bild von Ragaz' Schaffen in den einzelnen Jahren ergibt.

Gerade bei dieser Gruppe wurde bewusst auf jede Vollständigkeit verzichtet. In der Regel werden nur die grösseren Beiträge für die «Neuen Wege» aufgeführt, während die zahllosen kleineren Beiträge, wie sie sich schon aus der monatlichen «Umschau» und «Rundschau» und der ganzen Tätigkeit eines Redaktors ergaben, unberücksichtigt blieben.

Zur Erleichterung einer Orientierung wurden die Arbeiten thematisch gruppiert und unter verschiedenen Rubriken aufgeführt. Wir sind uns dabei durchaus der ganzen Problematik solcher Rubrizierung bewusst, da ja gerade bei Leonhard Ragaz das «Religiöse» aufs engste mit dem Ethischen, «Sozialen» und «Politischen» verbunden ist und irgendein Wort zum Zeitgeschehen erst durch die «religiöse» Orientierung seine eigentliche Bedeutung erhält.

I. BETRACHTUNGEN UND PREDIGTEN

1. *Kämpfer und Zuschauer* (1907).
2. *Von der Erlösung der Arbeit.* Einige Gedanken zur Verinnerlichung (1908).
3. *Die Menschwerdung Gottes.* Eine Weihnachtsbetrachtung (1908)[1].
4. *Wohin?* (1909).
5. *Direkt oder indirekt leben* (1909).
6. *Neujahrsgedanken zur Lage* (1911).
7. *Hoffen und Warten* (1911).
8. *Woran es liegt* (1911).
9. *Der Geist und wir.* Eine Pfingstbetrachtung (1911)[1].
10. *Zum neuen Jahrgang* (1912).
11. *Jesus und unser religiöses Wesen.* Predigt, gehalten in der Kirche von Oberstrass in Zürich (1913).
12. *Das Reich Gottes ist mitten unter euch.* Eine Weihnachtsbetrachtung (1913)[1].
13. *Das Gericht* (1914)[1].

[1] Aufgenommen in A I Nr. 24.

14. *Über dem Hasse* (1914).

15. *Selig sind die Friedebringer!* Predigt, gehalten in der Kirche von Oberstrass in Zürich, November 1914.

16. *Wo stehen wir?* (1915).

17. *Die zwei Wege.* Predigt, gehalten in der Kirche von Oberstrass in Zürich, Juni 1915. S. A IV Nr. 12.

18. *Von der Menschwerdung Gottes in Jesus Christus.* Predigt, gehalten in der Kirche von Oberstrass in Zürich, Oktober 1915.

19. *Fürchte dich nicht!* Predigt, gehalten in der Kirche von Oberstrass in Zürich, Januar 1916.

20. *Umkehren und werden wie die Kinder.* Predigt, gehalten in der Kirche von Oberstrass in Zürich, Juni 1916.

21. *Gekreuzigt und auferstanden* (1917).

22. *Was der Einzelne kann.* Predigt, gehalten in der Kirche von Oberstrass in Zürich, Januar 1917. S. A IV Nr. 14.

23. *Von Gott verlassen* (1918).

24. *Heiligkeit und Liebe.* Predigt, gehalten in der Kirche von Oberstrass in Zürich, Juli 1918. S. A IV Nr. 20.

25. *Christus und Barabbas* (1919) [1].

26. *Er wiegelt das Volk auf* (1919) [1].

27. *Von der Schöpfung und Erlösung des Weibes* (1919). S. D Nr. 13.

28. *Wir harren eines neuen Himmels und einer neuen Erde.* Predigt, gehalten in der Kirche von Oberstrass in Zürich (1919) [1].

29. *Die Geduld des Glaubens* (1920).

30. *Das Kind – die grosse Freude* (1920).

31. *Siehe, er kommt!* (1922).

32. *Minderheiten.* Eine Passionsbetrachtung (1923).

33. *Auferstehung* (1925).

34. *Neuschöpfung* (1925) [2].

35. *Ganze Menschen* (1926).

36. *Du Kleingläubiger, warum hast du gezweifelt?* (1926).

37. *Niederlage und Sieg* (1926) [2].

38. *Allein sein* (1926) [2].

[1] Aufgenommen in A I Nr. 24.
[2] Aufgenommen in A I Nr. 42.

39. *Treue* (1926).

40. *Das Vertrauen auf Menschen* (1926) [1] [2].

41. *Wo sollen wir suchen?* (1926) [1].

42. *Der Bund mit Gott* (1926) [1].

43. *Der Ruf ins Unbekannte* (1926) [1].

44. *Verheissung und Erfüllung* (1926).

45. *Die Erlösung vom Bösen* (1927) [1].

46. *Die Erlösung von der Angst* (1927).

47. *Der Sieg über den Tod* (1927) [2].

48. *Erlöst!* (1927). Abgedruckt «Neuwerk», September 1927.

49. *Unsere Fehler* (1927) [1].

50. *Versöhnung* (1927) [1].

51. *Menschenfurcht* (1927).

52. *Das Ich* (1927).

53. *Das Sakrament der Weihnacht* (1927).

54. *Die Kraft in der Schwachheit* (1928) [1].

55. *Was richte ich aus?* (1928) [1].

56. *Die Vollendung durch das Leiden* (1928).

57. *Die Erlösung vom Leide* (1928) [1].

58. *Die Erlösung durch den Geist* (1928) [1].

59. *Erholung* (1928).

60. *Weihnachtslüge und Weihnachtswahrheit* (1928).

61. *Nicht müde werden* (1929).

62. *Falsche Selbständigkeit* (1929) [1].

63. *Lärm und Stille* (1929).

64. *Taten tun* (1929) [1].

65. *Ein Rest wird bleiben* (1929) [1] [2].

66. *Der Weg zur Gemeinschaft* (1929) [1].

67. *Wir und der Alltag* (1929) [1].

68. *Christus allein* (1929) [1] [2].

69. *Der Wahrheit dienen – kann man es?* (1930).

[1] Aufgenommen in A I Nr. 42.
[2] Aufgenommen in A I Nr. 45.

70. *Der königliche Jesus* (1930) [1] [3].

71. *Die doppelte Gestalt des Kreuzes* (1930) [1] [3].

72. *Das Ostererdbeben* (1930) [1] [3].

73. *Jesus und die Libertiner* (1930) [1].

74. *Männliches Christentum* (1930) [1] [3].

75. *Tut Busse!* (1930) [1].

76. *Seid getrost!* (1930).

77. *Von den Schwierigkeiten der heutigen Ehe und ihrer Überwindung.* Eine Traurede (1930).

78. *Die zwei Entweder-Oder* (1930) [1] [2] [3].

79. *Dem Tode entgegen – Gott entgegen.* Eine Leichenrede (1931).

80. *Verlassen* (1931) [1] [3].

81. *In der Hitze* (1931) [3].

82. *Götzendämmerung* (1931).

83. *Als hätten wir nicht* (1931) [1] [3].

84. *Bist du es, der da kommen soll?* (1931) [1] [2] [3].

85. *Christus der Herr* (1931) [1] [2] [3].

86. *Ein gutes Menschenjahr* (1932).

87. *Der Gottesknecht* (1932) [1] [3].

88. *Steig herunter vom Kreuze!* (1932) [1] [3].

89. *Creator Spiritus* (1932) [3].

90. *Optimismus? Pessimismus? Oder was denn?* (1932) [1] [3].

91. *Die Bürgschaft unserer Hoffnung* (1932) [3].

92. *So tut er es!* (1932) [1] [3].

93. *Christus unser Friede* (1932) [1] [3].

94. *Die Magier kommen zu Christus* (1932) [1] [2] [3].

95. *Werfet euer Vertrauen nicht weg!* (1933) [1] [3].

96. *Schwert und Kelle* (1933) [1] [3].

97. *Caesarea Philippi* (1933) [3].

98. *Wer wälzt uns den Stein von des Grabes Tür?* (1933).

[1] Aufgenommen in A I Nr. 42.
[2] Aufgenommen in A I Nr. 40.
[3] Aufgenommen in A I Nr. 45.

99. *Fürchte dich nicht, glaube nur!* (1933) [1] [3].

100. *Ihr werdet gehasst sein!* (1933) [1] [3].

101. *Die Antwort am Horeb* (1933) [1] [3].

102. *Unsere Sache* (1933) [3].

103. *Grabrede für einen Israeliten* (1933). S. A IV Nr. 27.

104. *Die Kraft der Schwachen* (1933).

105. *Dürfen wir Weihnachten feiern?* (1933). S. D Nr. 14.

106. *Nicht verzehrt werden* (1934) [1] [3].

107. *Nach drei Tagen* (1934) [1] [3].

108. *Die Mühlen Gottes* (1934) [1] [3].

109. *Gegen die Gottlosigkeit* (1934) [1] [2] [3].

110. *Vom Kampf gegen das Böse* (1934) [1].

111. *Gericht und Gnade* (1934) [1].

112. *Vom Erkalten der Liebe* (1934).

113. *Vom Säen und Ernten* (1934).

114. *Die zwei Methoden* (1934) [1].

115. *Die Menschlichkeit Gottes* (1934) [1] [3].

116. *Stille zu Gott* (1935) [1].

117. *Von Feigheit und Tapferkeit* (1935).

118. *Der Vater der Lüge und der König der Wahrheit* (1935) [1].

119. *Alles verloren – alles gewonnen* (1935).

120. *Hemmnisse der Nachfolge* (1935) [1].

121. *Vom Glück der Bösen* (1935) [1].

122. *Die Auflösung der Seelen* (1935) [1].

123. *Abessinien* (1935).

124. *Das Lamm, geschlachtet von Anbeginn* (1935) [1] [3].

125. *Von Liebe und Frieden – den falschen und wahren* (1935) [1].

126. *Und das Licht scheint in der Finsternis* (1935).

127. *Alles möglich dem, der da glaubt* (1936) [1] [3].

128. *Judas und Christus* (1936) [1].

[1] Aufgenommen in A I Nr. 42.
[2] Aufgenommen in A I Nr. 40.
[3] Aufgenommen in A I Nr. 45.

129. *Thomas, oder: Sehen und Glauben* (1936) [1].

130. *Der Weg Gottes* (1936).

131. *Des Volkes ist zu viel* (1936) [1].

132. *Der Mensch und das «Ist»* (1936) [1].

133. *Die Geburtswehen Christi* (1936) [1].

134. *Bereit sein!* (1937) [1].

135. *Für oder wider?* (1937) [1].

136. *Ich habe die Welt überwunden* (1937) [1].

137. *Der Abfall* (1937) [1].

138. *Die zwei Methoden* (1937) [1].

139. *Die beiden Möglichkeiten* (1937) [1].

140. *Von der Regierung Gottes.* Ein Gespräch (1937).

141. *Der Bankrott und die Hilfe.* Zur Reformationsfeier (1937).

142. *Konfession oder Jüngerschaft Christi?* (1937).

143. *Vom Glauben, den wir nötig haben* (1938).

144. *Entscheidung* (1938).

145. *Neutralität* (1938).

146. *Satansreich und Gottesreich* (1938).

147. *Die Weltreiche und der Menschensohn* (1938).

148. *Hütet euch vor dem Sauerteig der Pharisäer, Sadduzäer und Herodianer!* (1938).

149. *Von Jakob zu Israel* (1938).

150. *Sanherib vor Jerusalem* (1938). S. A IV Nr. 28.

151. *Der Weg Gottes* (1938).

152. *Vom Kommen Christi.* Ein Adventsgespräch (1938).

153. *Gott und Mensch – in Jesus Christus offenbar* (1938).

154. *Vom höchsten Gott zum lebendigen Gott* (1939).

155. *Freudiges Fasten.* Ein Briefwechsel (1939).

156. *Hat Gott uns verlassen?* Noch ein Briefwechsel (1939).

157. *Gelten die Gesetze der göttlichen Weltordnung noch?* (1939).

158. *Gott und der Bergsturz.* Noch ein Gespräch über die Regierung Gottes (1939).

[1] Aufgenommen in A I Nr. 42.

159. *Vom christlichen Servilismus.* Gespräch (1939).

160. *Vom persönlichen Verhalten in dieser Zeit.* Ein Brief (1939).

161. *Neuer Himmel und neue Erde!* (1939).

162. *Wo ist nun Gott?* Ein Brief (1939).

163. *Vom Sieg über den Tod.* Gespräch (1939).

164. *Die Revolution, die Jesus heisst* (1939).

165. *Arbeiten und nicht verzweifeln* (1940).

166. *Ich vergesse, was dahinten ist* (1940).

167. *Das Kreuz und das offene Grab* (1940).

168. *Der Kampf gegen das kollektive Tier* (1940).

169. *Das Salz der Erde* (1940).

170. *Fürchtet euch nicht!* (1940).

171. *Gott im heutigen Weltgeschehen.* Ein Briefwechsel (1940).

172. *Unsere Busse: Gold oder Talmi?* Zum Bettag. (1940).

173. *Religiöse Erneuerung.* Ein Gespräch (1940).

174. *Können wir das Christfest feiern?* (1940).

175. *Ein festes Herz* (1941).

176. *Vertrauet der Wahrheit!* (1941).

177. *Das Kreuz Christi und die Gerechtigkeit Gottes* (1941).

178. *Musste Christus solches leiden?* Ein Ostergespräch (1941).

179. *Gibt es einen Fortschritt?* Ein Gespräch vor Pfingsten (1941) [1].

180. *Die Macht des Bösen.* Ein Gespräch (1941) [2].

181. *Vom Glauben an die Menschen.* Ein Gespräch (1941).

182. *Das Zeichen, dem widersprochen wird* (1941).

183. *Die Frage nach Christus.* Ein Gespräch (1941).

184. *Einige Ratschläge für das neue Jahr* (1942).

185. *Ausharren!* (1942).

[1] Dieses Gespräch stand an der Spitze des durch die Militärzensur am Versand verhinderten Maiheftes und wurde dann den Abonnenten als Separatabdruck zugestellt.

[2] Diese Betrachtung wurde wie die folgenden dieses Jahrgangs als separater Druck den Abonnenten zugestellt.

186. *Passion Jesu und Auferstehung Christi* (1942).

187. *Das Problem der Vorsehung*. Gespräch (1942). (Enthalten in A I Nr. 48.)

188. *Nachfolge, Selbstverleugnung und Kreuz* (1942).

189. *Der Geist als Waffe* (1942). S. D Nr. 15

190. *Selbstprüfung, Selbsterkenntnis, Selbstgericht* (1942).

191. *Erneuerung* (1942).

192. *Das Eine, das uns retten kann.* Zum Buss- und Bettag (1942).

193. *Von der Eifersucht und ihrer Überwindung* (1942).

194. *Die Toten und wir* (1942). S. A IV Nr. 29 und A I Nr. 61.

195. *Das Licht kommt* (1942).

196. *Der Weg vom Unglauben zum Glauben* (1943).

197. *Was kann ich für das Reich Gottes tun?* (1943).

198. *Liebe und Wahrheit – kann man beides verbinden?* (1943).

199. *Auferstehung* (1943).

200. *Die neue Heiligung des Lebens* (1943).

201. *Zerfall und Erneuerung* (1943).

202. *Segen und Fluch* (1943).

203. *Ein christliches Volk?* Eine Bettagsfrage (1943).

204. *Von der Versöhnung* (1943).

205. *Vom Schatz im Acker und der kostbaren Perle* (1943). Aus A I 53.

206. *Friede auf Erden* (1943).

207. *Von der Sicherheit* (1944).

208. *Vom Müdewerden.* Eine Frage und eine Antwort (1944).

209. *Ecce homo – siehe, das ist der Mensch!* (1944).

210. *Rühre mich nicht an!* (1944).

211. *Die doppelte Auferstehung* (1944).

212. *Die Speisung der Fünftausend* (1944). S. A IV Nr. 30.

213. *Vom Hüttenbauen zum Helfen* (1944). S. A IV Nr. 31.

214. *Die neuen Himmel und die neue Erde, in denen Gerechtigkeit wohnt* (1944). S. A IV Nr. 32.

215. *Die neue Gemeinde* (1944). S. A IV Nr. 33.

216. *Die Revolution Christi* (1944). S. A IV Nr. 34.

217. *Rückschlag und Hoffnung* (1945).

218. *Vom bösen Blick – und vom guten* (1945). S. A IV Nr. 35.

219. *Das Kreuz und das offene Grab* (1945).

220. *Der grössere Christus* (1945). S. A IV Nr. 36.

221. *Der Paraklet* (1945). A IV Nr. 37.

222. *«Der Mensch ist nicht gut.»* Eine Antwort (1945).

223. *Die Schöpfung aus dem Nichts* (1945).

224. *Die Atombombe* (1945).

225. *Von Optimismus und Defaitismus* (1945). S. A IV Nr. 39.

226. *Die Weihnachts-Dreiheit* (1945). S. A IV Nr. 40.

II. AUFSÄTZE ÜBER RELIGIÖSE, THEOLOGISCHE UND KIRCHLICHE FRAGEN

1. *Zur religiösen Situation der Gegenwart* (1907).

2. *Ecce homo* (1907) [1].

3. *Was wir von der Kirche halten* (1907).

4. *Zur gegenwärtigen Umgestaltung des Christentums.* Akademische Antrittsvorlesung (1909) [1]. S. A IV Nr. 2.

5. *Der Kampf um Jesus Christus* (1910). S. A IV Nr. 4.

6. *Was wir wollen.* Votum am Internationalen Kongress für soziales Christentum in Besançon (1910).

7. *Christentum und Vaterland.* Vortrag, gehalten an der Religiössozialen Konferenz in Bern, Oktober 1910 (1911) [1]. S. A IV Nr. 5 und D Nr. 16.

8. *Pantheismus, oder Glaube an den persönlichen Gott?* Nach einem Vortrag (1912). S. A IV Nr. 6.

9. *Ein Ende und ein Anfang* (1913).

10. *Alt und neu.* Antwort an P. Wernle (1913).

11. *Religiös und sozial* (1914) [1]. S. A IV Nr. 10.

12. *Unsere Stellung zum kirchlichen Parteiwesen* (1914).

[1] Aufgenommen in A I Nr. 24.

13. *Antwort an Pfr. Dr. theol. Gottfried Traub in Dortmund* (1914).

14. *Der Weg zum Frieden* (1914) [1].

15. *Von Gottesreich und Weltreich.* Antwort an E. Brunner (1915) [1].

16. *Neue Fahrt* (1916).

17. *Neue Wege:* 1. *Klärungen* (1917) [1].

18.   2. *Rückkehr zu Christus* (1917) [1].

19.   3. *Nicht Religion, sondern Reich Gottes* (1917) [1].

20.   4. *Los von der Theologie und den Theologen* (1917) [1].

21.   5. *Das Pfaffentum* (1917) [1]. S. A IV Nr. 15.

22.   6. *Gottesreich und Kirche* (1917) [1]. S. A IV Nr. 16.

23.   7. *Die Reformation* (1917) [1]. S. A IV Nr. 17.

24.   8. *Unser Sozialismus* (1917) [1]. S. A IV Nr. 18.

25.   9. *Die Erlösung durch die Liebe* (1917) [1]. S. A I Nr. 26.

26.   10. *Die Religiös-Sozialen – ein Versuch* (1918) [1]. S. A IV Nr. 19.

27.   11. *Dem Durchbruch entgegen* (1918) [1].

28. *Über einige religiöse Grundlinien der Versöhnung unter den Menschen.* Antwort an H. Kramer (1918).

29. *Die Reformer und die Religiös-Sozialen* (1918).

30. *Der religiöse Kampf.* Zur Lage (1919).

31. *Der neue Katholizismus* (1919) [1].

32. *Gottesreich und Politik* (1919) [1].

33. *Von der Christlichen Wissenschaft* (1920).

34. *Zur Lage.* Das sittliche und das religiöse Leben (1920).

35. *Blumhardt, Vater und Sohn.* Zwei Kämpfer des Reiches Gottes (1921). S. A I Nr. 25.

36. *Theosophie oder Reich Gottes?* (1922). S. A I Nr. 27.

37. *Religiöse Sensation.* Zu Sadhu Sundar Singhs Besuch (1922).

38. *Wie Gott zu uns kommt und wir zu ihm.* Zu Sadhu Sundar Singhs Europareise (1922).

39. *Von einigen schweren religiösen Gefahren und Entartungen.* Fortsetzung der Aufsatzreihe über Blumhardt, Nr. 35. (1922) S. A I Nr. 25.

[1] Aufgenommen in A I Nr. 24.

40. *Vom Glauben, Sein und Tun.* Replik an U. W. Züricher (1923).

41. *Was uns einigt, trennt und wieder einigt.* Zweite Antwort an U. W. Züricher (1923).

42. *Die Reaktion* (1924).

43. *Die Einigung der Christenheit* (1925).

44. *Das Jahr 1525.* Auch ein Jubiläum (1925).

45. *Gott und Mensch.* Ein Stück Weihnachtstheologie (1925).

46. *Das Reich Christi und das Papsttum* (1926).

47. *Der Katholizismus als Faktor der Weltlage* (1926).

48. *Moskau, Genf, Rom, Wittenberg.* Eine Betrachtung aus der Vogelperspektive (1926).

49. *Eine unzeitgemässe Rede über Religionsunterricht* (1926).

50. *Ein vielmissbrauchtes Pauluswort.* (Seid untertan der Obrigkeit!) (1926).

51. *Du sollst nicht töten!* (1927).

52. *Unsere Lebensführung im Dienste des Reiches Gottes.* Vortrag, gehalten an der religiös-sozialen Konferenz in Romanshorn, Oktober 1926 (1927). S. A I Nr. 34.

53. *Über den gegenwärtigen Stand des religiös-sozialen Problems.* Vortrag, gehalten am Kurs der Schweiz. Prediger-Gesellschaft in Bad Lauterbach (1927).

54. *Zum religiös-sozialen Problem.* Antwort an Ed. Thurneysen (1927).

55. *Der «christliche Soldat» und die «Kreuzritter».* Nochmals die «Kreuzritter». Zwei Aufsätze (1927).

56. *Glauben und Arbeit.* Zu Piechowski, «Proletarischer Glaube» und Hendrik de Man, «Der Kampf um die Arbeitsfreude» (1927).

57. *Vom Sozialismus und Freidenkertum* (1928).

58. *Blumhardt und wir* (1929).

59. *Zion und die Völkerwelt* (1929).

60. *Das Jahr 1529* (1929).

61. *Das Wort, das wir brauchen.* Zu BLUMHARDT, Bd. 3, herausgegeben von R. Lejeune (1929).

62. *Theologie und Kirche*. Eine freundschaftliche Antwort an E. Brunner (1930).

63. *Russland* (1930). S. D Nr. 17.

64. *Der Papst und der religiöse Sozialismus* (1931).

65. *Zwinglis Tod*. Rede auf dem Schlachtfeld zu Kappel am Todestag Zwinglis (1931).

66. *Pfarrer Eckerts Weg und unser Weg* (1931).

67. *Nochmals der Fall Eckert* (1932).

68. *Die Bergpredigt und die Politik* (1932). S. C II Nr. 34.

69. *Über Religion, Christentum, Dogma, Theologie, Kirche, Bibel – unter besonderer Berücksichtigung des Gottlosenproblems*. Vortrag, gehalten an der religiös-sozialen Konferenz in Bad Boll, April 1932 (1932). S. A I Nr. 38.

70. *Der Kampf um das Schulgebet* (1933).

71. *Das Kreuz Christi und das Hakenkreuz* (1933). S. A III Nr. 4 u. D Nr. 11.

72. *Woran erkennt man den wahren Glauben?* Zwei Briefe (1934).

73. *Das soziale Evangelium in Amerika* (1934).

74. *Das Reich Gottes und die katholische Kirche*. Zu GEORG SEB. HUBER, «Vom Christentum zum Reich Gottes» (1934).

75. *Vom Kampf zwischen Gut und Böse*. Antwort an Cecil C. Palmer (1934).

76. *Eine Gottlosen-Ausstellung* (1934).

77. *Religiös-Soziales*. Abgrenzungen. I. Die Quäker und wir. II. Die Oxfordbewegung und die religiös-soziale Bewegung. III. Religiös-sozial und darüber hinaus. IV. Politisch-soziale Verwandtschaften und ihre Grenzen (1935).

78. *Recht und Liebe* (1935).

79. *Von der religiös-sozialen Bewegung, ihrem Sinn und Werden* (1936). S. A I Nr. 36 u. C II Nr. 35.

80. *Von der Militia Christi* (1936).

81. *Reformation nach Vorwärts oder nach Rückwärts?* (1936/37). S. A I Nr. 41.

82. *Der religiöse Sozialismus vor der neuen religiösen Lage*. Thesen (1937).

83. *Falsche Übersetzungen der Bibel* (1937/38). S. A I Nr. 48.

84. *Offener Brief an Doktor Aloys Scheiwiler, Bischof von St. Gallen* (1937).

85. *Calvin und unsere Theologen* (1937).

86. *Zwei Briefe.* An den Kirchenrat des Kantons Zürich zum Fall Trautvetter. An Pfr. H. zur deutschen Kirchenverfolgung (1938).

87. *Von Kirche und Christus.* Antwort an Pfr. H. (1938).

88. *Die religiös-soziale Botschaft* (1938). Erster Teil der Schrift A I Nr. 44.

89. *Von Judentum und Christentum.* I. Jesus und die Pharisäer. II. Moses, Elias. Jesus (1938).

90. *Ein Gruss.* An die neugebildete religiös-soziale Gruppe in der Tschechoslowakei. (1938, geschrieben 1936).

91. *Karl Barth bricht in die Politik aus* (1939).

92. *Von Scharfschiessen und Jüngerschaft Christi. Antwort an Fritz Lieb* (1939).

93. *Matthäus 24.* Von der biblischen Weissagung (1940).

94. *Wohin gehen wir?* (1940).

95. *Sollen und können wir die Bibel lesen?* (1940). S. A I Nr. 48.

96. *Wo ist das Reich Gottes?* Ein Votum (1942).

97. *Gegen die Orthodoxie* (1942). (Zu KUNO FIEDLER, «Schrift und Schriftgelehrte».)

98. *Der heutige Mensch und das Dogma.* Eine freundschaftliche Aussprache. Antwort an Kuno Fiedler (1942).

99. *Von der Gerechtigkeit Gottes* (1942).

100. *Das Bekenntnis.* I. *Das Bekennen.* II. *Das apostolische Glaubensbekenntnis* (1942). S. A I Nr. 50.

101. *Stehen wir vor einer Wendung?* (1942).

102. *Das Unser-Vater* (1942). S. A I Nr. 52.

103. *Römer 13* (1942).

104. *Früchte der Erneuerung der Theologie* (1943).

105. *Gegen die reaktionäre Auslegung der Bibel.* Zu 1. Kor. 7, 17–24 (1943).

106. *Pflüget ein Neues!* (1943).

107. *Bekennen und Bekenntnis.* Zu KUNO FIEDLER, «Bekennen und Bekenntnis» (1943).

108. *Das Gesetz Gottes. Die zehn Gebote* (1943). S. A I Nr. 53.

109. *Die Jüngerschaft Christi* (1943).

110. *Von der Taufe* (1943).

111. *Zur theologischen Lage* (1944).

112. *Vom religiösen Freisinn* (1944).

113. *Zur religiös-sozialen Bewegung* (1944).

114. *Eine Frage und eine Antwort* (1944).

115. *Christus und die Politik.* Ein Votum (1945).

116. *Was kann Calvin für die heutige Schweiz bedeuten?* (1945). S. C II Nr. 39.

117. *Zur Neuorientierung der religiös-sozialen Bewegung* (1945).

118. *Von der religiösen Erziehung* (1945).

119. *Die Gegner Jesu.* (Aus dem Nachlass von L. R. 1946/47 veröffentlicht.)

120. *Das Kommen Christi. Auch für unsere Zeit.* (Aus dem Nachlass von L. R. 1947/48 veröffentlicht.)

121. *Das Reich Gottes in der Bibel.* (Aus dem Nachlass von L. R. 1948 veröffentlicht.) S. A I Nr. 60.

III. AUFSÄTZE ÜBER ETHISCHE, SOZIALE UND POLITISCHE PROBLEME

1. *Von Recht und Unrecht des Kapitalismus.* Vortrag (1907). S. A IV Nr. 1.

2. *Über Patriotismus* (1907).

3. *Der Sozialismus und die persönliche Freiheit* (1908). S. A IV Nr. 3.

4. *Zur Heimarbeits-Ausstellung* (1909).

5. *Zur Vertiefung des Sozialismus* (1912).

6. *Der Klassenkampf.* Vortrag (1912). S. A IV Nr. 7.

7. *Die religiös-sozialen Pfarrer und der Bauernstand.* Entgegnung an Dr. Laur (1913).

8. *Der Kampf gegen die Genußsucht.* Vortrag (1914). S. A IV Nr. 11 und D Nr. 18.

9. *Über die Ursache des Krieges* (1914).

10. *Arbeiterbewegung und Arbeiterbildung.* Vortrag (1916). S. A IV Nr. 13.

11. *Ein Programm für Arbeiterbildung* (1916).

12. *Der Kampf um den Frieden* (1917).

13. *Unsere Politik* (1918).

14. *Die Überwindung des Militarismus.* Antwort an H. Kramer (1918).

15. *Der Kampf gegen den Bolschewismus* (1918). S. A IV Nr. 21.

16. *Wilson und Lenin.* Reaktion und Revolution. Zwei Aufsätze zur Lage (1919).

17. *Sollen wir in den Völkerbund?* (1919). S. A IV Nr. 23.

18. *Zur Diskussion über den Völkerbund* (1920).

19. *Die Schweiz vor der Lebensfrage.* Zur Abstimmung vom 16. Mai. Beitritt zum Völkerbund (1920).

20. *Nach der Schlacht* (1920).

21. *Zur Lage.* I. Das politische Leben. II. Das soziale Leben (1920).

22. *Osten oder Westen?* (1922).

23. *Der Völkerbund* (1923).

24. *Vom Schicksal der Demokratie* (1923).

25. *Wilson und Lenin* (1924).

26. *Pan-Europa* (1924).

27. *Die Abrüstung als Mission der Schweiz.* Vortrag, gehalten in Bern, 1924. S. A I Nr. 31 und D 7.

28. *Unsere Bildungsarbeit.* Vortrag, gehalten bei der Einweihung des Heimes von «Arbeit und Bildung» (1925).

29. *Der Kampf zwischen Freiheit und Autorität in unserem Geschlecht.* Vortrag (1925).

30. *Vom Zionismus.* Vorbemerkung zu einem Aufsatz von Charles Gide (1925).

31. *Die Liquidation der Kolonialpolitik – ein Weltgericht* (1925).

32. *Der Amerikanismus* (1926).

33. *Der Faschismus* (1926).

34. *Völkerbund, Pan-Europa, europäischer Ausblick* (1926).

35. *Die Gefahren der Schweiz – von der Geschichte aus gesehen.* Im Anschluss an Gagliardis Schweizergeschichte (1926).

36. *Von Recht und Pflicht der Abstinenz* (1927).

37. *Demokratie und Demagogie* (1927). Abgedruckt in «Neue Bündner Zeitung», 1927, Nr. 22–27.

38. *China* (1927).

39. *Die Überwindung des Marxismus.* Zu HENDRIK DE MAN, «Zur Psychologie des Sozialismus» (1927).

40. *Russland und England* (1927).

41. *Ein Manifest des religiösen Sozialismus* (1927).

42. *Vom Parteiwesen* (1928).

43. *Bauer und Sozialismus* (1928).

44. *Die Abrüstungsfrage.* Antwort an Förster (1928).

45. *Ist das Milizheer ein Schutz gegen den Militarismus?* (1928). S. C III Nr. 22.

46. *Katholizismus und Sozialismus* (1929).

47. *Der sozialistische Bruderkrieg und seine Überwindung.* Zu HENRIETTE ROLAND-HOLST. «De Weg tot Enheid» (1929).

48. *Erklärung der religiös-sozialistischen Gruppen über die Religionsverfolgung in Russland.* Im Auftrag des Internationalen Ausschusses (1930).

49. *Der andere Kampf.* Gegen den Sexualismus. Anlässlich des Films «Frauennot – Frauenglück» (1930).

50. *Ein Wort über Nationalismus und Faschismus an die europäische Christenheit.* Im Auftrag des internationalen Ausschusses der religiösen Sozialisten (1930).

51. *Die Arbeitslosigkeit – das Problem der Stunde* (1930).

52. *Was wollen und meinen wir mit der Abrüstung.* Vortrag, gehalten an der Jahresversammlung der Frauenliga für Frieden und Freiheit, Oktober 1930 (1931).

53. *Über das sexuelle Problem.* Ein Briefwechsel (1931).

54. *Die katholische Kirche und das sexuelle Problem* (1931).

55. *Försters Angriff auf den Pazifismus* (1931).

56. *Der Kampf gegen § 218 in Deutschland.* Zur Abtreibung (1931).

57. *Nochmals Förster und der Pazifismus* (1931).

58. *Die grosse Not* (1931).

59. *Revision oder Verrat?* Zur sozialistischen Militärdebatte (1933). Abgedruckt in verschiedenen Blättern wie «Der Aufbau», «Nie wieder Krieg». S. A III Nr. 5.

60. *Thesen zum Militärprogramm der Sozialdemokratie* (1933). S. A III Nr. 6.

61. *Sozialismus und Friedenskampf.* Ein Wort an die Genossen (1934). Auch als Flugschrift herausgegeben unter dem Titel: «Der Sozialismus am Scheidewege.» S. A III Nr. 8.

62. *Zum Friedensproblem.* Antwort an Dr. W. H. (1935).

63. *Zu meinem Austritt aus der sozialdemokratischen Partei.* I. Mein persönlicher Schritt. II. Unser Weg (1936).

64. *Der Weg zum Frieden.* Zwei Antworten (1936).

65. *Gewalt und Gewaltlosigkeit.* I. Zur Diskussion im «Aufbau». II. Thesen zum Vortrag am Internationalen Kongress der antimilitaristischen Pfarrer (1937).

66. *Gegen die Verdunkelung.* Bericht und Erklärung (1937).

67. *Gefahr und Rettung der Schweiz.* Ein Ruf zum Erwachen (1938). S. A III Nr. 12.

68. *Nochmals Verdunkelung* (Oktober 1938).

69. *Karl Barth, Tschechoslowakei und Pazifismus* (1938).

70. *Das Programm des Friedens.* Im Auftrag des schweizerischen Zweiges des RUP (1939). S. A I Nr. 46.

71. *«Wenn es nach euch gegangen wäre –!»* (1940). Abgedruckt im «Aufbau» 1940, Nr. 22. Von der Religiös-sozialen Vereinigung auch als Flugschrift herausgegeben. S. A III Nr. 13.

72. *Was rettet die Schweiz?* (1940). Von der religiös-sozialen Vereinigung als Flugschrift herausgegeben. S. A III Nr. 14.

73. *Die geistigen Grundlagen des Friedens* (1941). Beitrag zum erweiterten Programm des RUP. S. C III Nr. 39.

74. *Noch ein Kampf um die Schweiz.* Zur Verhängung der Vorzensur über die «Neuen Wege». Enthält die einschlägigen Dokumente, insbesondere den Rekurs von Leonhard Ragaz und

von Robert Lejeune gegen die Verfügung des Pressestabs und das Schlusswort von Leonhard Ragaz. S. A I Nr. 47.

75. *Das Problem Gandhi* (1942).

76. *Die Zürcher Kirchensynode in der Prüfung.* Zur Todesstrafe (1942).

77. *Nochmals Gandhi* (1942).

78. *Nochmals Gandhi* (1943).

IV. AUFSÄTZE UND ARTIKEL ZUM ZEITGESCHEHEN UND ZUR TAGESPOLITIK

1. *Zu den deutschen Reichstagswahlen* (1907).

2. *Zur Abstimmung über die Proportionalwahl.* Zur Ethik der Wahl (1910).

3. *Die deutschen Reichstagswahlen* (1912).

4. *Die Lehren des englischen Kohlenstreiks* (1912).

5. *Der Zürcher Generalstreik* (1912). Auch als Flugschrift erschienen. S. A III Nr. 1.

6. *Zum Generalstreik* (1912). S. A IV Nr. 8.

7. *Ein Schlusswort.* Zum Generalstreik (1912).

8. *Friede auf Erden.* Eindrücke vom Friedenskongress der Internationale in Basel (1912). S. A IV Nr. 9.

9. *Zur Aufgabe der Schweiz* (1914).

10. *Wir Neutralen* (1914).

11. *Vom Friedestiften* (1916).

12. *Das Schicksal einer Tat.* Wilsons Friedensbotschaft (1917).

13. *Die Schweiz vor der Lebensfrage* (1917).

14. *Das Ende einer Herrschaft.* Der Zusammenbruch des «Freisinns» (1917).

15. *Die Glocken von Wipkingen* (1917).

16. *Immer wieder Schmach und Schande im Schweizerhaus* (1917).

17. *Der Papst als Friedensstifter* (1917).

18. *Staat und Gewissen* (1917).

19. *Die Zürcher Ereignisse* (1917).

20. *Der Fall Kleiber im Nationalrat* (1917).

21. *Der Ausblick* (1918).

22. *Die Vorgänge im Osten* (1918).

23. *Maskierte Propaganda. Verständigung oder Propaganda?* Zwei Aufsätze zu Deissmanns «Evangelischen Wochenbriefen» (1918).

24. *Die schlimmste Bedrohung der Schweiz* (1918).

25. *Wie die Träumenden* (1918).

26. *Ein Gruss an das neue Deutschland* (1918).

27. *Wo stehen wir?* Zur Lage (1918).

28. *In ernster Stunde.* Ein Weckruf. Zum drohenden Bürgerkrieg (1919). S. A IV Nr. 22.

29. *Zu den Weltbegebenheiten* (1919).

30. *Zum Pariser Frieden* (1919). S. C III Nr. 13.

31. *Die neuen Aussersihler Ereignisse* (1919). Abgedruckt in «Neue Schweizer Zeitung» 1919, Nr. 57.

32. *Zu den Friedensverhandlungen* (1919).

33. *Die verhängnisvolle Wechselwirkung.* Das Memorial Wille. Da. Memorial Grimm. Die Basler Vorgänge (1919).

34. *Zur Ablehnung der dritten Internationale* (1919).

35. *Der Erlass Scheurer* (1920).

36. *Von der Weltlage* (Dezember 1920).

37. *Zu den Weltereignissen.* Sechs Aufsätze (1921).

38. *Zur Weltlage* (1921).

39. *Zur Weltlage.* Die politische Lage. Die soziale Lage. Die schweizerische Lage (1922).

40. *Zur Weltlage: Politik und Religion.* Die Papstwahl. Der Protestantismus (1922).

41. *Zur Weltlage: Auferstehung in der Welt* (1922).

42. *Die Welschen und wir* (1922).

43. *Unser Feldzug.* Der Kampf um den Zivildienst (1922).

44. *Von Deutschland und wie wir uns zu ihm stellen* (1922).

45. *Zum Zivildienst* (1922).

46. *Die Entscheidung vom 24. September.* Abstimmung über die Lex Häberlin (1922).

47. *Zur Weltlage:* Die Ereignisse im Osten. Der Völkerbund (1922).

48. *Der Kampf um den Zivildienst* (1922).

49. *Zum 3. Dezember.* (Abstimmung über die Vermögensabgabe) (1922).

50. *Deutschland und Frankreich, Reparationsfrage und Weltfriede* (1923).

51. *Die Abstimmung über das Stimm- und Wahlrecht der Frauen* in Schule, Kirche und Armenwesen im Kanton Zürich (1923).

52. *Zur Weltlage. Einige Randbemerkungen.* Die Schuldfrage. Das französische Problem. Die Kräfte des Guten (1923).

53. *Über die Welt hin.* Zur Weltlage (1923).

54. *Dürfen wir noch an die Heimat glauben?* Zum Bettag (1923).

55. *Der Kampf der zwei Welten* (1923).

56. *Zwei Liquidationen.* Korfu. Die Ruhr (1923).

57. *Die deutschen Ereignisse und wir* (1923).

58. *Eine Weihnachtsbilanz* (1923).

59. *Zur Abstimmung über den Achtstundentag. Zur Abstimmung vom 17. Februar.* Zwei Aufsätze vor und nach der Abstimmung (1924).

60. *Die Wahlen in Deutschland und Frankreich* (1924).

61. *Die nahende Lösung der Reparationsfrage* (1924).

62. *Das Aarauer Schützenfest.* Auch eine Betrachtung zum 1. August (1924).

63. *Der Umschwung.* Zur Weltlage (1924).

64. *Grosse Dinge – kleine Menschen – dennoch!* (1924).

65. *Die Botschaft des Bundesrates zur Ablehnung des Zivildienstes* (1924).

66. *Die englischen Wahlen* (1924).

67. *Wo stehen wir?* Zur Weltlage (1924).

68. *Gefahr im Verzug – alle Mann auf Deck!* Die deutsche Gefahr Das Giftgas (1925).

69. *Die Revision des Versailler Vertrages* (1925).

70. *Graubünden und das Automobil* (1925).

71. *Sicherheit, Abrüstung, Schiedsgericht* (1925).

72. *Drei Schlagwörter als Friedensfeinde* (1925).

73. *Im Zeichen Hindenburgs* (1925).

74. *«Grossdeutschland»* (1925).

75. *Die Verwerfung der Initiative Rothenberger – und was nun?* (1925).

76. *Die Räumung der Ruhr* (1925).

77. *Noch einmal Hindenburg* (1925).

78. *Die Befriedung Europas.* Locarno (1925).

79. *Überblick und Ausblick.* Zur Weltlage (1925).

80. *Politische Umschau.* Südtirol. Der Fall Tonello. Die Affäre Worowsky. U. a. (1926).

81. *Zu den Weltereignissen.* Der deutsch-russische Vertrag u. a. (1926).

82. *Deutschland und die Mission des Deutschtums* (1926).

83. *Der Fall Kobe – oder wozu man Pfarrer hat* (1926).

84. *Die Welt im Lichte von Genf* (1926).

85. *Das Kommen Christi und die Weltlage* (1926).

86. *Wie Krieg gepflanzt wird* (1927).

87. *Vom modernen Götzendienst.* Ein Wort zur Automobilabstimmung (1927).

88. *Sacco und Vanzetti* (1927).

89. *Wo ist die Schweiz?* (1927).

90. *Zur Chronik.* Die Versammlung des Völkerbundes. Sacco und Vanzetti. Spielhöllen, vom Sozialismus protegiert. U. a. (1927).

91. *Die Welt am Jahresschluss* (1927).

92. *Gegen die Spielbanken – für die Ehre der Schweiz* (1928).

93. *Schweizer Weihnachten* (1928). Nach der Abstimmung über die Spielbanken.

94. *Die Weltlage am Jahresschluss* (1928).

95. *Zur Chronik.* Zehn Aufsätze (1928) [1].

96. *Zur deutschen Lage.* Antwort an E. Lempp (1929).

[1] Unter der Rubrik «Zur Chronik» gab Ragaz in diesem Jahre regelmässig einen Überblick über die Zeitereignisse.

97. *Sogenannte Wehrhaftigkeit des Proletariates, österreichische Vorgänge und Religiös-soziale.* Auseinandersetzung mit Arthur Schmid (1929).

98. *Die Anstifter.* Gegen den Vorwurf der Anstiftung zur Dienstverweigerung (1929).

99. *Zur Abwehr und Verständigung* (1929).

100. *Die Welt am Jahresschluss* (1929).

101. *Monatsschau.* Elf Aufsätze (1929) [1].

102. *Monatsschau.* Elf Aufsätze (1930).

103. *Art. 8, Lord Cecil und die schweizerische Völkerbundsvereinigung* (1931).

104. *Eine herzliche Warnung* (1931).

105. *Die Welt am Jahresende* (1931).

106. *Monatsschau.* Elf Aufsätze (1931). Ausser den bisherigen Rubriken finden sich in diesem Jahrgang öfters besondere Rubriken über Nationalismus, Faschismus, Nationalsozialismus, Bolschewismus u. a.

107. *Zur Weltlage* (Januar 1932) [2]. Aus dem Inhalt: Die Reparationen. Die innerdeutsche Lage.

[1] Unter dieser Rubrik gab Ragaz von 1929–1931 regelmässig einen Überblick über die Zeitereignisse, wobei der Stoff meist nach folgenden Gesichtspunkten gruppiert wurde: 1. Weltpolitisches. 2. Der Friedenskampf. 3. Soziales und Sozialistisches. 4. Schweizerisches. 5. Religiöses und Kirchliches. 6. Kulturelles.

[2] Während Ragaz bisher unter der Rubrik «Zur Weltlage» grössere Aufsätze mehr prinzipieller Art über besondere Zeitereignisse und durch die Weltlage gestellte Probleme geschrieben hat, gibt er von 1932 an unter diesem Titel regelmässig eine Berichterstattung über die wesentlichen Geschehnisse, wobei dieselben stets in eine besondere Beleuchtung gerückt werden. Diese grösseren Aufsätze «Zur Weltlage» ersetzen die «Monatsschau» der Jahre 1929/31. In einer regelmässigen «Chronik» werden noch jene Ereignisse in knapper Form aufgeführt, die in den grossen Aufsätzen zur Weltlage nicht berücksichtigt wurden. Die Beiträge zur «Chronik» werden in dieser Zusammenstellung so wenig berücksichtigt wie die zahllosen kleineren Beiträge zur «Rundschau» der früheren Jahre. Aus der reichen Fülle der Aufsätze «Zur Weltlage» seien zur Andeutung des Inhalts einige Untertitel angeführt, wenn es sich um längere Ausführungen über das damit bezeichnete Thema handelt.

108. *Zur Weltlage* (Februar 1932). Aus dem Inhalt: Das brennende Shanghai. Das beratende Genf. Die Abrüstungskonferenz. Vom Kampfplatz des Nationalismus. Vom Kampfplatz der Friedensbewegung.

109. *Zur Weltlage* (März 1932). Aus dem Inhalt: Die Flammenschrift im Osten. Der Völkerbund. Die Abrüstungskonferenz. Vom Nationalismus. Die Schweiz und der Friedenskampf.

110. *Zur Weltlage* (April 1932). Aus dem Inhalt: Die Hindenburg-Hitler-Wahl.

111. *Zur Weltlage* (Mai 1932). Aus dem Inhalt: Wahlen. Das internationale Ringen.

112. *Zur Weltlage* (Juni 1932). Aus dem Inhalt: Das deutsche Problem. Das weltpolitische Ringen.

113. *Polizei und Militär*. Entgegnung an Förster (1932).

114. *Zur Weltlage* (Juli/August 1932). Aus dem Inhalt: Lausanne/Genf. Die deutsche Revolution.

115. *Zur Weltlage* (September 1932). Aus dem Inhalt: Weltpolitisches. Wirtschaftsnot und Wirtschaftskampf.

116. *Zur Weltlage* (Oktober 1932). Aus dem Inhalt: Quo vadis, Germania? Der Völkerbund – Sein oder Nichtsein. Die neue Erhebung. Die soziale Umwälzung.

117. *Ein Mene Tekel*. Zu den Genfer Ereignissen (1932). S. A III Nr. 3.

118. *Zur Weltlage* (November 1932). Aus dem Inhalt: Die deutschen Dinge. Die Umlagerung. Der Völkerbund, die Mandschurei, Herriot als Friedensstifter. Die Kirche und das Dritte Reich.

119. *Zur Weltlage* (Dezember 1932). Aus dem Inhalt: Einigung, Abrüstung, Befriedung. Revolution und Reaktion. Der Ausgang des Kapitalismus und der Sozialismus. Das Eine.

120. *Die Genfer Ereignisse* (1932).

121. *Die Schweiz im Lichte der Genfer Ereignisse* (1933).

122. *Zur Weltlage* (Januar 1933). Aus dem Inhalt: Die deutschen Dinge.

123. *Zur Weltlage* (Februar 1933). Aus dem Inhalt: Deutschland. Der Reflex in Kirche und Christentum.

124. *Zur Weltlage* (März 1933). Aus dem Inhalt: Das Hakenkreuz über Deutschland.

125. *Zur Weltlage* (April 1933). Aus dem Inhalt: Deutschland. Der Schrecken. Der Kampf gegen das Judentum. Die Katastrophe des Christentums.

126. *Die schweizerische Reaktion im Anmarsch* (1933).

127. *Zur Weltlage* (Mai 1933). Aus dem Inhalt: Die deutsche Katastrophe.

128. *Von den neuen «Fronten» und der Reaktion* (1933).

129. *Widerstehet!* Eine dringende Mahnung (1933).

130. *Zur Weltlage* (Juni 1933). Aus dem Inhalt: Von der Hitler-Rede zum Viererpakt. Der Vorstoss. Die beiden Sozialismen. Christus und das Dritte Reich.

131. *Zur schweizerischen Lage* (Juni 1933) [1]. Aus dem Inhalt: Die Fronten. Die Parteien und die Fronten. Die Lex Häberlin.

132. *Zur Weltlage* (Juli/August 1933). Aus dem Inhalt: Das Hitler-Regime, seine Taten und Entwicklungen. Das Reich Gottes und das Dritte Reich.

133. *Zur schweizerischen Lage* (Juli/August 1933). Aus dem Inhalt: Die Frontenbewegung. Der neue Militarismus. Der Kampf gegen den «Marxismus».

134. *Zur Weltlage* (September 1933). Aus dem Inhalt: Das Ringen mit dem deutschen Dämon. Die soziale Umwälzung. Der Sozialismus. Die Kirchen.

135. *Zur schweizerischen Lage* (September 1933). Aus dem Inhalt: Die Fronten und Parteien. Die Beziehungen zu Hitler-Deutschland.

136. *Zur Weltlage* (Oktober 1933). Aus dem Inhalt: Deutschlands Austritt aus dem Völkerbund. Das Hitler-Regime. Die Kirchen und der Erdgeist.

137. *Zur schweizerischen Lage* (Oktober 1933). Aus dem Inhalt: Die Fronten und der Kampf gegen sie. Demokratie und Diktatur.

[1] Im Juni 1933 begann Ragaz mit einer regelmässigen Berichterstattung über die schweizerische Lage. Einige Stichworte mögen jeweils den Inhalt längerer Ausführungen innerhalb dieser Berichterstattung andeuten.

138. *Zur Weltlage* (November 1933). Aus dem Inhalt: Der Hitler-Vorstoss. Abrüstung, Aufrüstung, Verbündungen, Völkergärung. Die Kirchen und der Faschismus.

139. *Zur schweizerischen Lage* (November 1933). Aus dem Inhalt: Ein Oberst und Generalstabschef (Sonderegger).

140. *Zur Weltlage* (Dezember 1933). Die Welt am Jahresende: Der Kampf des Faschismus mit der Demokratie. Die Katastrophe und die Wiedererhebung des Sozialismus und das Ende des Kapitalismus. Ausblick in die Zukunft.

141. *Zur schweizerischen Lage* (Dezember 1933).

142. *Zur Weltlage* (Januar 1934). Die Welt am Jahresanfang.

143. *Zur schweizerischen Lage am Jahresanfang* (1934).

144. *Der verbesserte Maulkorb* (1934).

145. *Kundgebung der Religiös-sozialen Vereinigung zu den Vorgängen in Österreich* (1934). S. A III Nr. 7.

146. *Zur Weltlage* (Februar 1934). Aus dem Inhalt: Die französischen Ereignisse. Die österreichischen Vorgänge. Hakenkreuz und Kreuz.

147. *Zur schweizerischen Lage* (Februar 1934). Aus dem Inhalt: Die Bedrohung durch den Faschismus.

148. *Nach der Lex Häberlin* (1934).

149. *Zur Weltlage* (März 1934). Aus dem Inhalt: Österreich. Die Katastrophe der Kirchen.

150. *Zur schweizerischen Lage* (März 1934). Die Gefährdung der Schweiz von aussen und von innen her. Die bürgerliche Reaktion.

151. *Schweizerisches.* 1. Die dritte Lex Häberlin und Herr Motta. 2. Ein Wort zur Krisis des schweizerischen Sozialismus.

152. *Zur Weltlage* (April 1934). Aus dem Inhalt: Das Problem Österreich.

153. *Zur schweizerischen Lage* (April 1934). Aus dem Inhalt: Unter dem Zeichen des 11. März (Verwerfung der neuen Lex Häberlin).

154. *Zur Weltlage* (Mai 1934). Aus dem Inhalt: Die innerpolitische Lage des Hitlertums. Der Kampf um Christus im Dritten Reich.

155. *Zur schweizerischen Lage* (Mai 1934). Auf der Bahn der Reaktion. Die Haltung gegenüber den Diktatoren.

156. *Zur Weltlage* (Juni 1934). Aus dem Inhalt: Genf. Die Diktaturen. Der Sozialismus. Gandhi. Der kommende Christus.

157. *Zur schweizerischen Lage* (Juni 1934). Aus dem Inhalt: Die Zürcher Ereignisse. (Der Krawall vom 29. Mai.)

158. *Zur Weltlage* (Juli/August 1934). Aus dem Inhalt: Die deutschen Ereignisse (der 30. Juni).

159. *Zur schweizerischen Lage* (Juli/August 1934). Aus dem Inhalt: Die Wirkung der deutschen Ereignisse auf die äussere und innere Politik der Schweiz.

160. *Zur Weltlage* (September 1934). Aus dem Inhalt: Deutschland. Dollfuss. Die weltpolitische Verflechtung. Aufrüstung und Abrüstung. Die Kirchen.

161. *Zur schweizerischen Lage* (September 1934). Die Stellung zum Völkerbund (Verhalten gegenüber dem Eintritt Russlands).

162. *Zur Weltlage* (Oktober 1934). Aus dem Inhalt: Der weltpolitische Kampf. Der innenpolitische Kampf: Demokratie, Faschismus, Reaktion.

163. *Zur schweizerischen Lage* (Oktober 1934). Aus dem Inhalt: Der helvetische Militarismus.

164. *Zur Weltlage* (November 1934). Aus dem Inhalt: Nach den Schüssen von Marseille. Donau-Gefahren, die pazifische Gefahr, die Rüstungsgefahr. Der bürgerliche Kampf: Diktatur, Reaktion, Demokratie. Die Kirchen in Kampf und Abfall.

165. *Zur schweizerischen Lage* (November 1934). Aus dem Inhalt: Der Fall Wille/Hagenbuch.

166. *Zur Weltlage* (Dezember 1934). Die Welt am Jahresende. Der Kampf um den Frieden. Der Kampf um die Freiheit und Gerechtigkeit. Der Kampf um Christus.

167. *Die Schweiz am Jahresende* (1934).

168. *Zwei Abstimmungen.* 1. Die Sozialdemokratie und die Militärfrage. 2. Die neue Militärorganisation (1935).

169. *Zur Weltlage* (Januar 1935). Aus dem Inhalt: Die Pax Romana. Die Saar. Das Hitler-Regime.

170. *Zur schweizerischen Lage* (Januar 1935).

171. *Zum 24. Februar.* Abstimmung über die neue Militärorganisation (1935).

172. *Zum Parteitag von Luzern* (1935).

173. *Zur Weltlage* (Februar 1935). Aus dem Inhalt: Von Rom nach London. Faschismus, Kommunismus, Soziale Umwälzung, Kirchen.

174. *Zum 24. Februar.* Nach der Abstimmung (1935).

175. *Zur Weltlage* (März 1935). Aus dem Inhalt: Die Reiseroute des Teufels.

176. *Zur Weltlage* (April 1935). Aus dem Inhalt: Die Weltgefahr Hitler-Deutschland. (Die Verkündigung der allgemeinen Wehrpflicht.) Die Aktion gegen Hitler.

177. *Zur schweizerischen Lage* (April 1935). Aus dem Inhalt: Die Kriseninitiative.

178. *Zur Weltlage* (Mai 1935). Aus dem Inhalt: Die Umstellung Hitlers. Der Umstellte. Christus und die Kirchen.

179. *Zur schweizerischen Lage* (Mai 1935). Aus dem Inhalt: Der Fall Jakob. Die Reaktion. Die Kriseninitiative.

180. *Zur Weltlage* (Juni 1935). Aus dem Inhalt: Der Durchbrechungsversuch. Laval, Roosevelt, Stalin. Probleme der Friedensbewegung.

181. *Zur schweizerischen Lage* (Juni 1935). Aus dem Inhalt: Die Verwerfung der Kriseninitiative.

182. *Zur Weltlage* (Juli/August 1935). Aus dem Inhalt: Der deutschenglische Flottenpakt. Abessinien. Das Dritte Reich.

183. *Zur schweizerischen Lage* (Juli/August 1935). Aus dem Inhalt: Die Folgen der Verwerfung der Kriseninitiative.

184. *Ein letzter Appell an die Christenheit.* Zum geplanten Überfall auf Abessinien (1935). Im Auftrag des Internationalen Bundes religiöser Sozialisten auch als Flugblatt herausgegeben in deutscher, französischer und englischer Sprache. S. A III Nr. 10.

185. *Zur Weltlage* (September 1935). Aus dem Inhalt: Italien-Abessinien. Caesar oder Christus.

186. *Zur schweizerischen Lage* (September 1935). Aus dem Inhalt: Die Verwerfung der Totalrevision der Bundesverfassung.

187. *Die Schande der Schweiz* (1935).

188. *Zur Weltlage* (Oktober 1935). Aus dem Inhalt: Der Krieg. Genf. Der Kampf. Die Sanktionen.

189. *Zur schweizerischen Lage* (Oktober 1935). Aus dem Inhalt: Die Stellung zu Abessinien.

190. *Zur Weltlage* (November 1935). Aus dem Inhalt: Die Sanktionen. Der Widerstand Italiens und die Streikbrecher. Die «Entspannung». Die Wellenbewegung.

191. *Zur schweizerischen Lage* (November 1935). Aus dem Inhalt: Die Wahlen in die eidgenössischen Räte. Die Stellung zu den Sanktionen.

192. *Vom Meinungsmonopol des Bundesrates und der schweizerischen Freiheit* (1935).

193. *Zur Weltlage* (Dezember 1935). Die Welt am Jahresende: Friede auf Erden. An den Menschen ein Wohlgefallen. Ehre sei Gott in der Höhe!

194. *Zur schweizerischen Lage:* Die Schweiz am Jahresende (1935).

195. *Zur Weltlage* (Januar 1936). Aus dem Inhalt: Die englische Erhebung. Der Kampf. Die Selbstoffenbarung des Krieges. Die Ausstrahlungen.

196. *Zur schweizerischen Lage* (Januar 1936).

197. *Zur Weltlage* (Februar 1936). Aus dem Inhalt: Der Krieg geht weiter, das Kriegsfeuer brennt und frisst um sich! Die Aktion gegen Hitler. Hitler. Die Ausstrahlung.

198. *Zur schweizerischen Lage* (Februar 1936). Aus dem Inhalt: Der Fall Gustloff.

199. *Zur Weltlage* (März 1936). Aus dem Inhalt: Hitlers Schlag (die Aufkündigung des Locarno-Paktes, die militärische Besetzung des Rheinlandes). Der weitere Kreis. Der Kampf von «Links» und «Rechts».

200. *Zur schweizerischen Lage* (März 1936). Aus dem Inhalt: Die Aussenpolitik Mottas.

201. *Ein Wort an das Schweizervolk.* Zur Wehranleihe (1936).

202. *Zur Weltlage* (April 1936). Aus dem Inhalt: Die Besetzung der Rheinlande. Abessinien. Die erweiterte tragische Ellipse.

203. *Zur schweizerischen Lage* (April 1936). Aus dem Inhalt: Giftgas über der Schweiz – geistiges Giftgas! Der Fall Hausammann. Der Bundesratsbeschluss über den Luftschutz.

204. *Zur Weltlage* (Mai 1936). Aus dem Inhalt: Abessinien.

205. *Zur schweizerischen Lage* (Mai 1936). Aus dem Inhalt: Landesverteidigung und Landesverrat.

206. *Das Wiedererwachen des schweizerischen Sozialismus* (1936).

207. *Zur Weltlage* (Juni 1936). Aus dem Inhalt: Abessinien und der Völkerbund.

208. *Zur schweizerischen Lage* (Juni 1936).

209. *Zur Weltlage* (Juli/August 1936). Aus dem Inhalt: Der grosse Verrat von Genf. Die Nemesis.

210. *Zur schweizerischen Lage* (Juli/August 1936). Aus dem Inhalt: Die schweizerische Schuld am Schicksal des Völkerbundes. Die Schweiz als Gehilfin der Reaktion.

211. *Zur Weltlage* (September 1936). Aus dem Inhalt: Spanien – das Zeichen.

212. *Zur schweizerischen Lage* (September 1936). Aus dem Inhalt: Die Parteinahme des Bundesrates für die spanische Rebellion.

213. *Zur Weltlage* (Oktober 1936). Aus dem Inhalt: Die Feuersbrunst Spanien. Genf. Nürnberg. Locarno. Der Thron Mammons.

214. *Zur schweizerischen Lage* (Oktober 1936). Aus dem Inhalt: Die Abwertung. Die Stellung zu den spanischen Vorgängen. Die Wehranleihe.

215. *Die Schweiz in Gefahr.* 1. Schutz der Schweiz – gegen den Bundesrat. Liquidation oder Erneuerung des schweizerischen Sozialismus? (1936).

216. *Zur Weltlage* (November 1936). Aus dem Inhalt: Das Riesenverbrechen. Der Hexensabbath. Der Götze Neutral. Der Giftnebel.

217. *Zur Weltlage:* Die Welt an Weihnachten und Jahresende (1936).

218. *Zur schweizerischen Lage:* Die Schweiz an Weihnachten und Jahresende (1936). Zum Frankfurter-Prozess.

219. *Zur Weltlage* (Januar 1937). Aus dem Inhalt: Vor der Entscheidung.

220. *Zur schweizerischen Lage* (Januar 1937). Aus dem Inhalt: Das Weihnachtsgeschenk des Herrn Motta (die De-jure-Anerkennung der Eroberung Abessiniens). Der Fall a Prato.

221. *Zur Weltlage* (Februar 1937). Aus dem Inhalt: Die zwei Achsen. Reden.

222. *Zur schweizerischen Lage* (Februar 1937). Aus dem Inhalt: Die Vorgänge in La Chaux-de-Fonds. Die Liquidation der schweizerischen Sozialdemokratie.

223. *Zur Weltlage* (März 1937). Aus dem Inhalt: Im Vordergrund (Spanien). Im Hintergrund. Demokratie, Sozialismus, Pazifismus.

224. *Zur schweizerischen Lage* (März 1937). Aus dem Inhalt: Mussolini Ehrendoktor der Universität Lausanne. Die Kommunistenhetze.

225. *Zur Weltlage* (April 1937). Aus dem Inhalt: Umschwung (Spanien). Die Hand an der Mauer. Der religiöse Angriff.

226. *Zur schweizerischen Lage* (April 1937). Aus dem Inhalt: Die Vollmilitarisierung unseres Volkes.

227. *Zur Weltlage* (Mai 1937). Aus dem Inhalt: Spanien (Guernica). Der Weltkampf der zwei Fronten.

228. *Zur schweizerischen Lage* (Mai 1937). Aus dem Inhalt: Das Walten der Reaktion. Der Widerstand.

229. *Zur Weltlage* (Juni 1937). Aus dem Inhalt: Spanien, London und Mitteleuropa. Die Kampflage.

230. *Zur schweizerischen Lage* (Juni 1937). Aus dem Inhalt: Die Richtlinienbewegung.

231. *Zur Weltlage* (Juli/August 1937). Aus dem Inhalt: Spanien. Der weitere Kreis.

232. *Zur schweizerischen Lage* (Juli/August 1937). Aus dem Inhalt: Der Streit um die Richtlinienbewegung. Die Militarisierung und Faschisierung der Schweiz.

233. *Zur Weltlage* (September 1937). Aus dem Inhalt: China. Der Kampf um Zion. Der Kampf um Christus.

234. *Zur schweizerischen Lage* (September 1937). Aus dem Inhalt: Das Motta-Elend und die Motta-Gefahr. Das Frontistentreiben beim Zionistenkongress.

235. *Zur Weltlage* (Oktober 1937). Aus dem Inhalt: Der neue Weltbrand (China, Spanien). Die Gegenaktion (Nyon, der Völkerbund). Das weltpolitische Ringen. Roosevelt.

236. *Zur schweizerischen Lage* (Oktober 1937). Aus dem Inhalt: Degeneration und Regeneration.

237. *Zur Weltlage* (November 1937). Aus dem Inhalt: Der neue Vorstoss des Faschismus. Zwei Tragödien – zwei Komödien. Die englische Politik und der Vorstoss der Reaktion.

238. *Zur schweizerischen Lage* (November 1937). Aus dem Inhalt: Der Kampf gegen die Freimaurerei. Die volle «Neutralität».

239. *Zur Weltlage:* Die Welt an Weihnachten und Jahresende (1937).

240. *Zur schweizerischen Lage:* Die Schweiz an Weihnachten und Jahresende (1937).

241. *Zur Weltlage* (Januar 1938). Aus dem Inhalt: Der Angriff auf den Völkerbund. Der Weltkampf.

242. *Zur schweizerischen Lage* (Januar 1938). Aus dem Inhalt: Die Absage an den Völkerbund.

243. *Zur Weltlage* (Februar 1938). Aus dem Inhalt: Der Völkerbund. Die Berliner Geschehnisse.

244. *Zur schweizerischen Lage* (Februar 1938). Aus dem Inhalt: Der Nebel der Schande.

245. *Zur Weltlage* (März 1938). Aus dem Inhalt: Der Vorstoss gegen Österreich. Die Kapitulation Englands?

246. *Zur schweizerischen Lage* (März 1938). Aus dem Inhalt: Der moralische Selbstmord der Schweiz.

247. *Können Verrat und Trug die Schweiz retten?* Ein Protest (1938).

248. *Zur Weltlage* (April 1938). Aus dem Inhalt: Österreich, Österreich!! Und nun? Die Gefahr – die Abwehr.

249. *Zur schweizerischen Lage* (April 1938). Aus dem Inhalt: Die Proklamation des Bundesrates und der Bundesversammlung.

250. *Zur Weltlage* (Mai 1938). Aus dem Inhalt: Österreich. Der Kampf um die Tschechoslowakei. Vom Weltkampf. Im Zeichen des Judas.

251. *Zur schweizerischen Lage* (Mai 1938). Aus dem Inhalt: Die zunehmende Preisgabe der Schweiz nach aussen und innen und die Unwahrheit der Menschen und Zustände.

252. *Zur Weltlage* (Juni 1938). Aus dem Inhalt: Hitler hat – endlich! – seinen Meister gefunden. Der Kampf um die Tschechoslowakei. Rückblick auf Genf. Der Judaslohn und das Spiel um die Achse. Sozialismus und Christentum.

253. *Zur schweizerischen Lage* (Juni 1938). Aus dem Inhalt: Die neutralisierte Schweiz.

254. *Zur Weltlage* (Juli/August 1938). Aus dem Inhalt: Die Tschechoslowakei. Die «Nervosität Mussolinis». Das Spiel und Gegenspiel. Das erweiterte Spiel. «Grauen ringsum!»

255. *Zur schweizerischen Lage* (Juli/August 1938). Die Schweiz am 1. August.

256. *Zur Weltlage* (September 1938). Aus dem Inhalt: Ist die Entscheidung da? Der Tag von Nürnberg. Was auf dem Spiele steht! Die Kräfte und der Ausblick. Der Weltkampf. Caesar oder Christus?

257. *Zur schweizerischen Lage* (September 1938). Aus dem Inhalt: 1. Wie ist die Schweiz auf den Krieg gerüstet? 2. Wie sind wir seelisch gerüstet? 3. Wie steht die Schweiz im Angesicht der furchtbaren Gefahr vor Gott?

258. *Zur Weltlage* (Oktober 1938). Aus dem Inhalt: Der grosse Frevel (München). Was und wer ist gerettet worden? Die Katastrophe. Die Friedenslüge. Ausblick – Weg – Friede.

259. *Zur schweizerischen Lage* (Oktober 1938). Aus dem Inhalt: Unsere Stellung zu «München». Mottas Rede an der Mustermesse in Lugano. Der Bundesrat zur Flüchtlingsfrage und zu den Nazi-Zeitungen in der Schweiz.

260. *Zur Weltlage* (November 1938). *Die Früchte von München.*

261. *Zur schweizerischen Lage* (November 1938). Aus dem Inhalt: Die Aktion gegen die «friedliche» Eroberung der Schweiz durch den Nazismus. Erklärung der vereinigten Jugendgruppen «Escherbund», «Entscheidung» und «Esprit».

262. *Zur Weltlage* (Dezember 1938). Die Welt am Jahresende. (Die politische, die soziale und die geistige Lage.)

263. *Zur schweizerischen Lage* (Dezember 1938). Die Schweiz am Jahresende.

264. *Zur Weltlage* (Januar 1939). Aus dem Inhalt: Die Fortsetzung. Die Abwehr.

265. *Zur schweizerischen Lage* (Januar 1939).

266. *Der Untergang der Schweiz.* Erklärung zur Anerkennung der Regierung Francos durch Bundesrat Motta.

267. *Zur Weltlage* (Februar 1939). Aus dem Inhalt: Die Katastrophe Spaniens. Die grosse Erpressung. Der Gegenstoss.

268. *Zur schweizerischen Lage* (Februar 1939).

269. *Zur Weltlage* (März 1939). Aus dem Inhalt: Spanien. Das Weltringen. Der neue Schlag gegen die Tschechoslowakei.

270. *Zur schweizerischen Lage* (März 1939). Aus dem Inhalt: Mottas neuester Akt der Preisgabe und Entehrung der Schweiz.

271. *Zur Weltlage* (April 1939). Aus dem Inhalt: Die Reaktion auf den Frevel von Prag. Hitlers weiterer Weg. Englands Vorstoss. Albanien.

272. *Zur schweizerischen Lage* (April 1939). Die Schweiz unter dem Zeichen des Einzuges Hitlers im Hradschin.

273. *Zur Weltlage* (Mai 1939). Aus dem Inhalt: Telegramm Roosevelts. Die Antwort. Die Koalition. Kampf um Polen.

274. *Zur schweizerischen Lage* (Mai 1939). Aus dem Inhalt: Die Antwort des Bundesrates auf Hitlers Inquisitorium.

275. *Zur Weltlage* (Juni 1939). Aus dem Inhalt: Die Schaffung der grossen Koalition.

276. *Zur schweizerischen Lage* (Juni 1939).

277. *Von der Landesausstellung* (1939).

278. *Zur Weltlage* (Juli/August 1939). Aus dem Inhalt: Vor der Katastrophe.

279. *Zur schweizerischen Lage* (Juli/August 1939).

280. *Zur Weltlage* (September 1939). Aus dem Inhalt: Der Krieg. Der russische Frevel. Der Weg Gottes. Ausblick.

281. *Zur schweizerischen Lage* (September 1939). Bettagsgedanken.

282. *Die Verteidigung der Schweiz.* Zur «Verordnung über den Schutz der Sicherheit des Landes» (1939).

283. *Zur Weltlage* (Oktober 1939). Aus dem Inhalt: Das Element Russland. Polen. Die Völkerbrandung. Die Kleinen und der Götze Neutral. Der Krieg. Der Kampf gegen den Krieg.

284. *Zur schweizerischen Lage* (Oktober 1939).

285. *Zur Weltlage* (November 1939). Aus dem Inhalt: Der türkische Vertrag. Russlands Aktion. Russland und Deutschland. Amerika. «S' ist Krieg.»

286. *Zur schweizerischen Lage* (November 1939).

287. *Zur Weltlage* (Dezember 1939). Aus dem Inhalt: Vom Attentat zur Totalblockade. Auf den Nebenschauplätzen. Rückschau und Vorschau.

288. *Zur schweizerischen Lage* (Dezember 1939). Aus dem Inhalt: Die Abstimmung vom 3. Dezember über die Lohn- und Versicherungsverhältnisse des Bundespersonals. Rückschau und Vorschau.

289. *Zur Weltlage* (Januar 1940). Aus dem Inhalt: Russland. Krieg und Kriegspläne. Die Friedensvorstösse. Ausblick.

290. *Zur schweizerischen Lage* (Januar 1940).

291. *Zur Weltlage* (Februar 1940). Aus dem Inhalt: Die Verschiebung des Bildes. Das Problem der Blockade und der Lage der Neutralen. Krieg und Frieden. Das Meer von Not und Grauen. Ausblick.

292. *Zur schweizerischen Lage* (Februar 1940). Aus dem Inhalt: Der Tod Mottas.

293. *Zur Weltlage* (März 1940). Aus dem Inhalt: Die Lage der Neutralen und die Verlegung des Krieges. Die Friedensaktion.

294. *Zur schweizerischen Lage* (März 1940). Aus dem Inhalt: Das Verbot des Buches von Rauschning «Gespräche mit Hitler».

295. *Um die Freiheit und Würde der Schweiz.* Zum Kampf mit der Pressezensur (1940). Unter dem Titel «Der Protest von Prof. Ragaz» abgedruckt im «Aufbau» 1940, Nr. 16.

296. *Zur Weltlage* (April 1940). Aus dem Inhalt: Die finnische Tragödie. Die neue Energie; die Blockade und die Neutralen. Nachtrag: Neue Gewalttat und neuer Krieg.

297. *Zur schweizerischen Lage* (April 1940).

298. *Zur Weltlage* (Mai 1940). Aus dem Inhalt: Das nordische Geschehen. Italien. Der Südosten und Südwesten. Nachwort (nach dem inzwischen erfolgten Überfall auf Holland, Belgien und Luxemburg).

299. *Zur schweizerischen Lage* (Mai 1940). Aus dem Inhalt: Die schweizerischen Quislinge. Das Verlorengehen der Demokratie.

300. *Zur Weltlage* (Juni 1940). Aus dem Inhalt: Harmageddon. Der Verrat und seine Geschwister. Das Gericht. Die Technik als Mörderin. Der Umsturz. Die Andern. Ausblick.

301. *Zum 1. August.* Sein oder Nichtsein (1940).

302. *Zur Weltlage* (Juli/August 1940). Aus dem Inhalt: Der Fall von Paris und der Zusammenbruch Frankreichs. Die besiegten und bedrohten Völker. Europa und Asien. Der Sturm auf England und der «Tag der Sachsen».

303. *Zur schweizerischen Lage* (Juli/August 1940).

304. *Zur Weltlage* (September 1940). Aus dem Inhalt: Der Krieg. England. Frankreich. Der politische Weltkrieg. Amerika. Der soziale Weltbürgerkrieg.

305. *Zur schweizerischen Lage* (September 1940). Auch zum Bettag.

306. *Der Kampf gegen den militärischen Vorunterricht* (1940).

307. *Zur Weltlage* (Oktober 1940). Aus dem Inhalt: Vom Schwarzen Meer zum Pazifischen Ozean. Frankreich. Der Sturm auf England. Rom und die Weltachse.

308. *Zur schweizerischen Lage* (Oktober 1940). Aus dem Inhalt: Die Affäre Pilet-Golaz. Das Programm der «autoritären Demokratie» Bundesrat Etters.

309. *Die «körperliche Ertüchtigung» – ein Wahn und eine Gefahr* (1940).

310. *Zur Weltlage* (November 1940). Aus dem Inhalt: Die Aktion im Südosten. Die Aktion im Süden. Die Aktion im Fernen Osten. Der Sturm auf England und der Luftkrieg. Frankreich. Die Unterdrückten und Verfolgten. Die «Neuordnung Europas». «Der Tag der Sachsen.»

311. *Zur schweizerischen Lage* (November 1940).

312. *Ein Tag der Entscheidung.* Zum 1. Dezember (1940).

313. *Zur Weltlage* (Dezember 1940). Aus dem Inhalt: Rückblick. Und wo stehen wir nun? Ausblick.

314. *Zur schweizerischen Lage* (Dezember 1940). Am Jahresende.

315. *Zur Weltlage* (Januar 1941). Aus dem Inhalt: Die katastrophale Wendung der italienischen Dinge. Die Vernichtung Englands. Amerika. Ausblick.

316. *Zur schweizerischen Lage* (Januar 1941).

317. *Zur Weltlage* (Februar 1941). Aus dem Inhalt: Der Entscheidung entgegen? Der politisch-diplomatische Kampf. Allgemeine Aspekte.

318. *Zur schweizerischen Lage* (Februar 1941). Aus dem Inhalt: Die Gefahr der Unterdrückung der schweizerischen Freiheit von innen her.

319. *Zur Weltlage* (März 1941). Aus dem Inhalt: Der Balkan. Der Vulkan. Ausblick.

320. *Zur schweizerischen Lage* (März 1941).

321. *Zur Weltlage* (April 1941). Aus dem Inhalt: Jugoslawien. Der deutsche Plan. Afrika und das Mittelmeer. Die Schlacht im Atlantischen Ozean. Matsuoka. Roosevelt. Ausblick: Der Menschenstaat.

322. *Zur schweizerischen Lage* (April 1941).

323. *Zur Weltlage* (Mai 1941). Aus dem Inhalt: Der Balkan. Der neue Schauplatz. Der Kampf im Atlantik und Amerika.

324. *Zur Lage* (Ende August 1941). In der Art der bisherigen Aufsätze «Zur Weltlage» für die Abonnenten der «Neuen Wege» geschrieben und diesen als vertrauliche Sendung zugestellt. Aus dem Inhalt: Russland. Magna Charta Anglosaxonica. Die Synthese. Der Weltkrieg. Die doppelte Hölle. Ausblick.

325. *Vom ersten August zum Bettag.* Zusammen mit dem vorhergehenden Aufsatz «Zur Lage» für die Abonnenten der «Neuen Wege» geschrieben, als Ersatz für die bisherigen Aufsätze «Zur schweizerischen Lage».

326. *Zur Lage* (September 1941). Ohne Titel in der Form eines vertraulichen Briefes – «als Manuskript gedruckt» – den Abonnenten der «Neuen Wege» zugestellt. Aus dem Inhalt: Das russische Problem. Das angelsächsische Problem. Von der Schweiz.

327. *Die Welt an Weihnachten und Jahreswende* (Ende November 1941).
Als Manuskript gedruckt für die Abonnenten der «Neuen
Wege». Aus dem Inhalt: Der Krieg in Russland. Die englische
Offensive in Libyen. Die Lage im Fernen Osten. Die Auf-
lehnung der unterjochten Völker. Das Problem Russland-Eng-
land. Der amerikanische Faktor. Das Schicksal der Schweiz.
Der Kampf um das freie Wort. Nachtrag: Die Kriegserklärung
Japans. Der Rückzug der Deutschen in Russland.

328. *Zur Lage* (Januar 1942). Als Rundbrief für die Abonnenten der
«Neuen Wege» gedruckt. Aus dem Inhalt: Die russische Ka-
tastrophe Hitlers. Die Lage in Libyen. Der Eintritt Japans in
den Krieg. Die angelsächsische Welt. Rückkehr zum Völker-
bund. England und Russland. Deutschland. Die besetzten
Länder. Ausblick.

329. *Zur schweizerischen Lage* (Januar 1942). Als Rundbrief für die
Abonnenten der «Neuen Wege» gedruckt. Aus dem Inhalt:
Zur Neujahrsrede von Bundesrat Etter (Bruder Klaus). Die
autoritäre Demokratie. Die Unterdrückung des freien Wortes.
Die Volkswahl des Bundesrates.

330. *Zum Jahre 1943*. Sinn und Aufgabe. Aus dem Inhalt: Die Wen-
dung der Kriegslage. Der Kampf um Afrika. Russland. Angel-
sachsen und Russland. Die Weltreaktion. Die Nachkriegs-
gestaltung. Die Schweiz.

331. *Der Kampf um den Frieden* (1943).

332. *Wo stehen wir?* Zur Weltlage (1943).

333. *Die Welt um Ostern*. Zur Lage (1943).

334. *Der Entscheidung entgegen* (Mai 1943).

335. *Tatsachen und Ausblicke*. Zur Weltlage (Juni 1943). Aus dem
Inhalt: Die Invasion. Der politische Ring. «Hinter den Gitter-
stäben.» Der Dämonenkampf. Russland.

336. *Zum Rheinwaldproblem* (1943).

337. *Zur Weltlage* (Juli 1943). Aus dem Inhalt: Die Offensive. Pro-
bleme der Gewalt. Die Welterschütterung. Ausblick.

338. *Zum 1. August* (1943).

339. *Zum weltpolitischen Geschehen* (September 1943). Aus dem In-
halt: Götzendämmerung (1. Akt: der Sturz Mussolinis und

des Faschismus. 2. Akt: Deutschland.) Die Götterdämmerung. (Quebeck. Italien. Die bedingungslose Kapitulation. König Etzels Schwert.) Der Kampf zwischen Revolution und Reaktion. Russland und die Angelsachsen. Ausblick.

340. *Schweizerisches*. Bemerkungen zum Buss- und Bettag (1943).

341. *Zur Weltlage* (Oktober 1943). Aus dem Inhalt: Italien. Mittelmeer, Ferner Osten, Balkan. Russland. Die politische Wendung. Der Terror. Das Ende. Deutschlands Rettung. Russland und die Angelsachsen. Ausblick.

342. *Schweizerisches* (Oktober 1943).

343. *Zur Weltlage* (November 1943). Aus dem Inhalt: Ferner Osten; Süden und Südosten; Naher Osten. Der Luftkrieg und U-Boot-Krieg. Deutschlands Lage. Moskau. Washington. Ausblick.

344. *Schweizerisches* (November 1943).

345. *Die Welt an Weihnachten und Jahreswechsel* (Dezember 1943). Aus dem Inhalt: Der Weg zur neuen Ordnung. Durch den Weltkrieg zum Weltfrieden.

346. *Die Schweiz an der Jahreswende* (Dezember 1943).

347. *Die Welt vor dem Jahr 1944* (Januar 1944). Aus dem Inhalt: Der Entscheidung entgegen. Der Weg zum Frieden. Der politische und soziale Kampf um die neue Welt.

348. *Schweizerisches* (Januar 1944).

349. *Die schwarze Wolke und jenseits*. Zur Weltlage (Februar 1944). Aus dem Inhalt: I. Die schwarze Wolke (Die Invasion/Die Gewalttat/Bürgerkrieg und Revolution). II. Und darüber hinaus! (Die Schaffung der übernationalen Rechts- und Friedensordnung).

350. *Schweizerisches* (Februar 1944).

351. *Untergang und Erneuerung*. Zur Weltlage (März 1944). Aus dem Inhalt: Harmageddon entgegen. Die Zerstörung der Kultur. Die apokalyptischen Reiter. Die weltpolitischen Probleme. Die Charta Atlantica und die Alliierten. Die Nachkriegswelt.

352. *Schweizerisches* (März 1944).

353. *Todeswehen und Auferstehungssturm*. Zur Weltlage (April 1944). Aus dem Inhalt: Der Krieg. Der politische Kampf. Ausblick.

354. *Schweizerisches* (April 1944).

355. *Weltchronik* (Mai 1944). Aus dem Inhalt: Der Krieg. Der Schrecken. Der Kampf um die Neutralität. Die politische Lage und Entwicklung. Die Nachkriegswelt.

356. *Schweizerisches* (Mai 1944).

357. *Weltchronik* (Juni 1944). Aus dem Inhalt: Krieg und Gewalt. Der politische Kampf. Die Neuordnung.

358. *Schweizerisches* (Juni 1944).

359. *Weltchronik* (Juli 1944). Aus dem Inhalt: Die Invasion. Der Kampf im Süden und im Fernen Osten. Der russische Sturm. Der Aufstand. Das Entsetzen. Das ist der Krieg! Wie lange noch? Der politische Kampf. Kommendes. Nachtrag: Der innere Zusammenbruch der Hitler-Herrschaft.

360. *Schweizerisches* (Juli 1944). Aus dem Inhalt: Die Gründung der « Partei der Arbeit ».

361. *Zur Weltlage* (August 1944). Aus dem Inhalt: Die deutsche Katastrophe. Die grosse Auferstehung. Der Blick in den Frieden und in die kommende Welt.

362. *Schweizerisches* (September 1944). Auch eine Bettagsbetrachtung.

363. *Zur Weltlage* (Oktober 1944). Aus dem Inhalt: Dem Ende entgegen. Die deutsche Frage. Die Mächte, die am Werke sind. Der neue Tag. Der neue Völkerbund.

364. *Schweizerisches* (Oktober 1944).

365. *Zur Weltlage* (November 1944). Aus dem Inhalt: Der letzte Sturm. Die politische Bewegung. Die kommende Gestalt der Welt.

366. *Schweizerisches* (November 1944).

367. *Zur Weltlage* (Dezember 1944). Aus dem Inhalt: Die Offenbarung des Krieges. Hitler und Deutschland. Die Weltrevolution.

368. *Schweizerisches* (Dezember 1944).

369. *Zur Weltlage* (1945). Aus dem Inhalt: Der neue deutsche Vorstoss. Die Alliierten untereinander. Die Neugestaltung der Welt.

370. *Schweizerisches* (Januar 1945).

371. *Zur Weltlage* (Februar 1945). Aus dem Inhalt: Der Februarsturm, Geschichte und Gericht. Das Problem Deutschland. Die Regierung der Erde. Perspektiven und Verheissungen.

372. *Schweizerisches* (Februar 1945).

373. *Zur Weltlage* (März 1945). Aus dem Inhalt: Das Ende. Der Anfang.

374. *Schweizerisches* (März 1945). Aus dem Inhalt: Die Verhandlungen mit den Alliierten. Das neue Staatsschutzgesetz.

375. *Zur Weltlage* (April 1945). Aus dem Inhalt: Die grosse Flut. Deutschland. Die Weltrevolution.

376. *Schweizerisches* (April 1945). Aus dem Inhalt: Die Gefahr unserer Reaktion.

377. *Eine Kontroverse.* Antwort an H. Koechlin (1945).

378. *Zur Weltlage* (8. Mai 1945, «am Siegestag»). Aus dem Inhalt: «Ende Feuer!» Nochmals Deutschland. Die Öffnung der Hölle. Der neuen Welt entgegen.

379. *Schweizerisches.* Zur Dank- und Siegesfeier (Mai 1945).

380. *Zur Weltlage* (Juni 1945). Aus dem Inhalt: Die Liquidation. Die Neugestaltung. Der angelsächsisch-russische Gegensatz. Die Weltgärung.

381. *Zur schweizerischen Lage* (Juni 1945). Aus dem Inhalt: Das Aufräumen. Das Vollmachtensystem. Die Neutralität.

382. *Zur Weltlage* (Juli 1945). Aus dem Inhalt: Der Weltfriede (San Francisco), Chaos und Schöpfung in der Völkerwelt. Weltrevolution und Weltreaktion. Nachtrag: Die englischen Wahlen.

383. *Zur schweizerischen Lage* (Juli 1945). Aus dem Inhalt: Die Neutralität. Der Militarismus. Unser Verhältnis zu Russland.

384. *Zur Weltlage* (September 1945). Aus dem Inhalt: Die englischen Wahlen. Potsdam. Der Gegensatz zwischen Russland und den Angelsachsen. Eine Zwischenbilanz. Des Weltkriegs Ende. Die Auferstehung des Ostens und Südens. Die soziale Auferstehung. Die grosse Entscheidung.

385. *Zur schweizerischen Lage* (September 1945). Aus dem Inhalt: Unsere Stellung zur neuen Friedensorganisation. Unser schweizerischer Militarismus.

386. *Zur Weltlage* (Oktober 1945). Aus dem Inhalt: Die Konferenz der Aussenminister. Das Problem Russland. Grauen und Gericht. Deutschland. Europa. Die Auferstehung Asiens. Der Kampf um den Frieden. Erwachet!

387. *Zur schweizerischen Lage* (Oktober 1945). Aus dem Inhalt: Unsere Einordnung in die neue Völkerwelt. Unser Militarismus. Unsere politische, soziale und geistige Neugestaltung.

388. *Zur Weltlage* (November 1945). Aus dem Inhalt: Die Schaffung des Friedens. Deutschland – Not und Schuld. Die soziale Revolution. Zion.

389. *Zur schweizerischen Lage* (November 1945). Aus dem Inhalt: Die Einordnung der Schweiz in das sich erneuernde Völkerleben.

390. *Zur Weltlage* (3. Dezember 1945). Aus dem Inhalt: Das Zeichen des Gerichts. Die Atombombe. San Francisco – und weiter! Der politische Umbruch. Der soziale Umbruch. Der religiöse Umbruch.

391. *Zur schweizerischen Lage* (5. Dezember 1945). Aus dem Inhalt: «Nun geht es für die Schweiz ans Bezahlen.»

V. HISTORISCHES, BIOGRAPHISCHES, PERSÖNLICHES

1. *Konrad Furrer †* (1908).

2. *Anna Theobald, eine Sängerin des Proletariats* (1910).

3. *Tolstois Tod* (1910).

4. *John Mott in der Schweiz* (1911).

5. *Sören Kierkegaard* (1913).

6. *Englische Eindrücke* (1914).

7. *Im Kampf mit der Gemeinheit* (1918).

8. *Der Nussbaum*. Fritz Wartenweiler (1921).

9. *Warum ich meine Professur aufgegeben habe?* (1921). S. A IV 24.

10. *Zu Matthieus Hingang* (1921).

11. *Einige Reisebilder*. Deutschland (1922).

12. *Das Nordland und die Schweiz* (1923).

13. *In der Welt herum*. Nyborg. Ryslinge und Liselund. Auf einem Schlachtfeld. Lübeck, Hamburg, Weimar (1923).

14. *Eine Fahrt nach dem Westen.* Im Elsass. In Holland (1924).

15. *Karl Spitteler †* (1925).

16. *Ein Gruss an einen Grossen.* Masaryk (1925).

17. *Dr. Steiners Tod und die Christengemeinschaft* (1925).

18. *Gegen eine offizielle Verleumdung.* Zum Bericht des Generals Wille über den Aktivdienst 1914–1918 (1925).

19. *Am Hussenstein* (1925).

20. *Konrad Ferdinand Meyer.* Zu seinem hundertsten Geburtstag (1925).

21. *Hermann Greulich †* (1925).

22. *Charles Naine †* (1927).

23. *Zu Pestalozzis Gedächtnis* (1927).

24. *Alfred de Quervain.* Rede an der akademischen Trauerfeier (1927). S. A IV 26.

25. *Leo Tolstoi.* Zu seinem hundertsten Geburtstag (1928).

26. *Zum Gedächtnis Gustav Landauers.* Begegnung mit Landauer (1929).

27. *Gruss an Förster.* Zu seinem sechzigsten Geburtstag (1929).

28. *Hermann Kutter* (1931).

29. *General Deimling in Zürich* (1931).

30. *Goethe und Hegel* (1932).

31. *Im Lande von Hus und Masaryk* (1932).

32. *Ein Feldzug gegen den religiösen Sozialismus.* Zur Vortragsreise von Günther Dehn (1933).

33. *Masaryk der Führer* (1937).

34. *Zu Martin Bubers sechzigstem Geburtstag* (1938).

35. *Eine Gotteskämpferin.* Zum Gedächtnis von Alice Künzler (1939).

36. *Ein Nationalheld?* Jürg Jenatsch (1939).

37. *Zu Professor Försters siebzigstem Geburtstag* (1939).

38. Von der Gemeinde der Verewigten: *Paul Wernle* (1939).

39. *Austriacus.* Eugen Benedikt. Ein Lebewohl (1939).

40. *Henriette Roland-Holst* zum siebzigsten Geburtstag (1940).

41. *Pfarrer Karl von Greyerz zum 70. Geburtstag* (1940).

42. *Selma Lagerlöf* (1940).

43. *Pfarrer Ernst Etter zum 70. Geburtstag* (1940).

44. *Leo Trotzky* (1940).

45. *Hendrik de Man* (1940).

46. *Hanna Geyer* (1941).

47. *An Oskar Ewald* (1941).

48. *Grabrede auf eine Emigrantin* (1943).

49. *Wilfred Monod* (1943).

50. *Bertha von Suttner.* Zu ihrem 100. Geburtstag (1943).

51. *Jakob Burckhardt.* Eine Bemerkung (1943).

52. *Zwei Männer.* Heinrich Ströbel und Franz Oppenheimer (1944).

53. *Christoph Schrempf* (1944).

54. *Margarete Susmann* zum siebzigsten Geburtstag (1944).

55. *Die grossen Drei.* Wilson. Masaryk. Roosevelt (1945).

56. *Von der Bedeutung Masaryks* (1945). Erschien zuerst in einer tschechischen Zeitschrift. S. A IV Nr. 38.

57. *Fritz Studer* (1945).

58. *Pierre Cérésole* (1945).

VI. BERICHTE

1. *Die religiös-soziale Konferenz* (1908).

2. *Ein internationaler Kongress für soziales Christentum* (1910).

3. *Der Kongress für soziales Christentum in Strassburg* (1922).

4. *Der Zürcher Ferienkurs* (1922).

5. *Die religiös-sozialistische Konferenz zu Barchem* (1924).

6. *Die Konferenz des Versöhnungsbundes in Bad Boll* (1924).

7. *Die religiös-soziale Konferenz in Bern* (1925).

8. *Die religiös-soziale Konferenz in Romanshorn* (1926).

9. *Die sozialistische Konferenz in Heppenheim* (1928).

10. *Der Kongress der religiösen Sozialisten in Mannheim* (1928).

11. *Eine internationale religiös-sozialistische Zusammenkunft* (1929).

12. *Die religiös-soziale Woche in Casoja* (1930).

13. *Die internationale religiös-soziale Zusammenkunft in Köln* (1930).

14. *Die religiös-sozialistische Konferenz in Caub am Rhein* (1931).

15. *Bei den Quäkern in Hellerau bei Dresden* (1931).

16. *Der internationale Kongress der religiösen Sozialisten in Liévin* (1931).

17. *Der internationale Kongress der antimilitaristischen Pfarrer in Zürich* (1931).

18. *Die religiösen Sozialisten im Gespräch mit Blumhardt* (1932).

19. *Die Bieler Konferenz* (1936).

20. *Religiös-Soziales: Jahresversammlung und Ferienkurs* (1940).

21. *Ein Bericht.* Zur rel.-soz. Jahresversammlung in Zürich und zum Ferienkurs in Hütten (1942).

22. *Unsere Jahresversammlung* (1945).

VII. VON BÜCHERN

Von den überaus zahlreichen Buchbesprechungen sei hier nur eine kleine Auswahl gegeben, wobei wir neben den grösseren Besprechungen besonders auch die für den Rezensenten bezeichnenden aufführen.

1. *Der «christliche» Arbeiter und die Arbeiterbewegung.* Zu G. Benz, «Gewissenspflichten des christlichen Arbeiters» (1908).

2. *Liberalismus und Religion.* Zu Wielandt, «Der politische Liberalismus und die Religion» (1909).

3. *Die Abschaffung der Armut.* Zu Büscher, «Die Abschaffung der Armut durch die Wiederherstellung des gleichen Anrechts an die Erde» (1909).

4. *Die Arbeit.* Zu Schaub, «Die Arbeit, das Grundproblem unserer Zeit» (1910).

5. *Gott und die Seele.* Zu Geyer und Rittelmeyer, Predigten (1910).

6. *Ein philosophisches Buch.* Zu Häberlin, «Wissenschaft und Philosophie» (1910).

7. *Mit Kirchengeschichte was hab' ich zu schaffen?* Zu W. Köhler, «Idee und Persönlichkeit in der Kirchengeschichte» (1911).

8. *Zwei Prediger.* Chr. Geyer und Fr. Rittelmeyer (1912).

9. *Ein Evangelium der Verzweiflung.* Zu Liebster, «Soziale Weihnachten» (1913).

10. *Eine gewichtige Stimme.* Zu Rade, «Unsere Pflicht zur Politik» (1913).

11. *Ein Buch über unsere Sache.* Zu Matthieu, «Das Christentum und die soziale Krise der Gegenwart» (1913).

12. *Eine wichtige Schrift über die Kriegs- und Militärfrage.* Zu M. Gerber, «Militarismus und Demokratie» (1913).

13. *Staat und Kirche.* Zu König, «Staat und Kirche. Der deutsche Weg zur Zukunft» (1913).

14. *Eine Schrift zur religiösen Erneuerung.* Zu Gogarten, «Fichte als religiöser Denker» (1915).

15. *Ein Buch schweizerischer Regeneration.* Zu Gadient, «Das Prättigau» (1921).

16. Fr. W. Foerster, *Christus und das menschliche Leben* (1922).

17. *Ein totgeschlagenes Buch – soll es tot bleiben?* Zu Ragaz, «Die neue Schweiz» (1923).

18. *Eine Schrift über die Erneuerung der Bildung.* Zu H. Amberg, H. Kober, J. Matthieu, H. Neumann: «Volksbildung, Sozialismus, Religion» (1923).

19. *Die proletarische Großstadtjugend und die Religion.* Zu Günther Dehn, «Die religiöse Gedankenwelt der Proletarierjugend» (1923).

20. *Des Christentums Ende.* Zu Haberl, «Des Christentums Ende» (1924).

21. *Zwischen Wasser und Urwald.* Zu Albert Schweitzer, «Zwischen Wasser und Urwald» (1924).

22. *Ein Buch über Amerika.* Zu Ad. Keller, «Dynamis» (1924).

23. *Ein Festspiel.* Zu Caesar von Arx, «Die Schweizer» (1924).

24. *Befreundete Gegner.* Zu Max Huber, «Staatenpolitik und Evangelium» und zu Foersters Stellung zur Dienstverweigerung (1924).

25. *Die Stimme der Kinder.* Zu ALICE DESCOEUDRES, «Ce que pensent les enfants» (1924).

26. *Die heilige Johanna.* Zu SHAW, «Die heilige Johanna» (1925).

27. *Zwei Bücher vom Reiche Gottes.* I. *Ein Pionier.* Zu L. REINHARDT, «Im Bannkreis der Reichsgotteshoffnung», bearbeitet von Ernst Stähelin. II. *Ein Abgefallener.* Zu H. MÜHLESTEIN, «Russland und die Psychomachie Europas» (1925).

28. *Christoph Blumhardt, Predigten und Andachten.* Zu CHR. BLUM-HARDT, Bd. 2, herausgegeben von R. Lejeune (1925).

29. *Eine Quelle der Erquickung.* Über ADALBERT STIFTER (1925).

30. *Karl Hilty.* Zu A. MÜNCHS Hilty-Brevier «Vom Sinn der Zeit» (1927).

31. *Julie Schlosser.* Über ihre Bücher (1928).

32. *Israel und die Völkerwelt.* Über das schriftstellerische Werk von Hans *Kohn* (1930).

33. *Blumhardts Stellung zum Sozialismus.* Zu HEINSIUS, «Blumhardts Weg zum Sozialismus» (1930).

34. *Zum Problem Gandhi.* Zu B. DE LIGT, «Een wereldomvattend Vraagstuck» und «Die Gandhi-Revolution», herausgegeben von Dietterich (1930).

35. OTTO DIBELIUS, «Friede auf Erden?» (1930).

36. *Hitler als Demagog.* Zu Hitlers «Mein Kampf» (1930).

37. *Das Menschengesicht.* Zu MAX PICARD, «Das Menschengesicht» (1931).

38. *Ein Buch über Kierkegaard.* Zu A. GILG, «Sören Kierkegaard» (1932).

39. *Tote oder lebendige Schweiz?* Zu PAUL LANG, «Tote oder lebendige Schweiz?» (1932).

40. *Vom Kommen Christi.* Zu CHR. BLUMHARDT, Bd. 4, herausgegeben von R. Lejeune.

41. *Zwei Bücher – zwei Zeichen.* Zu PICARD, «Flucht vor Gott» und Gg. Seb. *Huber*, «Weisheit des Kreuzes» (1935).

42. *Der Sozialismus in der Schweiz.* Zu GRIDAZZI, «Die Entwicklung der sozialistischen Ideen in der Schweiz» (1936).

43. *Zwei Gerichtsbücher.* Zu FÖRSTER, «Europa und die deutsche Frage» und SIEMSEN «Preussen, die Gefahr Europas» (1937).

44. *Ein neuer Blumhardt.* Zu Chr. Blumhardt, Bd. 1, herausgegeben von R. Lejeune (1938).

45. *Die Schule der Diktatoren.* Zu Silone, «Die Schule der Diktatoren» (1939).

46. *Zur Erneuerung des Sozialismus.* Zu Siegfried Marck, «Der Neuhumanismus als politische Philosophie» (1939).

47. *Jesus gegen die Christologie.* Zu Kuno Fiedler, «Glaube, Gnade und Erlösung nach dem Jesus der Synoptiker» (1940).

48. *Von Judentum und Theologie.* Zu Schalom Ben-Chorin, «Jenseits von Orthodoxie und Liberalismus, Versuch über die jüdische Glaubenslage der Gegenwart» (1940).

49. *Ein Helden- und Märtyrerbuch.* Zu Hedwig Anneler, «Blanche Gamond» (1940).

50. *Von Recht und Freiheit.* Zu A. Egger, «Über die Rechtsethik des schweizerischen Zivilgesetzbuches» und Werner Schmid, «Das Programm der Freiheit in Politik, Wirtschaft und Kultur» (1940).

51. *Von Hegel bis Nietzsche.* Zu Karl Löwitt, «Von Hegel bis Nietzsche» (1942).

52. *Ein Zeichen.* Zu Thomas Brendel, «Abschaffung des Christentums, Tagebuch eines Beunruhigten» (1942).

53. *Ein anderes Zeichen.* Zu Johannes Stephanos, «Christliche Einheit im Zeichen des Kreuzes» (1942).

54. *Bücher:* Zu Valentin Gitermann, «Geschichte der Schweiz». Zu Max Picard, «Die Grenzen der Physiognomik» (1942).

55. Von Büchern: Max Picard, «Die unerschütterliche Ehe» (1943).

56. *Mein Bibelwerk* (1943).

57. *Das Unservater.* Zu Paul Trautvetter, «Das Unservater» (1943).

58. *Die Bergpredigt Jesu.* Zu L. Ragaz, «Die Bergpredigt Jesu» (1944).

59. *Das Jahrhundert des Volkes,* Einführung zu Wallace, «Das Jahrhundert des Volkes» (1945). S. C III Nr. 44.

60. *Die soziale Botschaft der Kirche.* Zu ERWIN SUTZ, «Die soz. Botschaft der Kirche» (1945).

61. *Die Geschichte der Sache Christi.* (Selbstanzeige des Buches von L. R.) (1945).

62. *Ein Revolutionsbuch.* Zu MAX PICARD, «Hitler in uns selbst» (1945).

Ferner sei verwiesen auf die grösseren Aufsätze mehr prinzipieller Art unter B II Nr. 56, 58, 61, 74, 97, 107 und B III Nr. 35, 39, 47.

C. VERÖFFENTLICHUNGEN
IN ANDERN WERKEN, ZEITSCHRIFTEN
UND ZEITUNGEN

I. BETRACHTUNGEN UND PREDIGTEN

1. *Ostergeheimnis und Osteroffenbarung.* «Schweizerisches Protestantenblatt» 1893, Nr. 13.

2. *Antrittspredigt,* gehalten am 4. Mai 1902 im Münster zu Basel. «Schweiz. Protestantenblatt» 1902, Nr. 20.

3. *Ein Wort über Christentum und soziale Bewegung.* Predigt, gehalten nach dem Maurerstreik im Münster zu Basel. «Schweiz. Protestantenblatt» 1903, Nr. 17.

4. *Wie bringen wir dem modernen Menschen die Bibel wieder nahe?* Aus einer am Bibelsonntag (März 1904) im Münster zu Basel gehaltenen Predigt. «Schweiz. Protestantenblatt» 1904, Nr. 12.

5. *Das Programm Gottes für die religiöse Arbeit der Gegenwart.* Festpredigt, gehalten am schweiz. Reformtag in Schaffhausen, Juni 1904. «Schweiz. Protestantenblatt» 1904, Nr. 25.

6. *Weihnachten und die soziale Hoffnung.* Bündner Volkswacht, 1. Jhg., Nr. 51, 23. Dez. 1911.

7. *Auf Gott harren!* Predigt. Erschienen in «Wir zeugen vom lebendigen Gott! Predigten religiös-sozialer Pfarrer der Schweiz», herausgegeben von J. Eugster. 1912, Verlag Eugen Diederichs in Jena.

8. *Den Unmündigen offenbar!* Predigt, Erscheinungsort wie Nr. 7.

9. *Das Diesseits und Jenseits des Gottesreiches.* Predigt, Erscheinungsort wie Nr. 7.

10. *Glauben an den Geist.* «Grütlianer», 1912. Nr. 120.

11. *Die Arbeiter und ihr Lohn.* Predigt, gehalten im Volkshaus in Zürich, November 1913. In «Volkshauspredigten von C. Arbenz, H. Bader, L. Ragaz, E. Tischhauser, Pfarrer in Zürich». 1914, Verlag der Buchhandlung des Schweiz. Grütlivereins.

12. *Das Gottesgericht.* Predigt, gehalten im Volkshaus in Zürich, Dezember 1913. Erscheinungsort wie Nr. 11.

13. *Weihnacht.* Schweizerische Holzarbeiter-Zeitung. 1914, Nr. 52.

14. *Die Weihnachtslosung.* Holzarbeiter-Zeitung. 1917, Nr. 51.

15. *Meine Zuversicht.* «Der neue Bund» 1939, Heft 12.

II. AUFSÄTZE UND VORTRÄGE
ÜBER RELIGIÖSE, KIRCHLICHE, ETHISCHE, SOZIALE UND PÄDAGOGISCHE FRAGEN

1. *Zeitgemässe Erinnerung.* Behandelt die Frage, ob die Reform sich – wie behauptet wurde – ausgelebt habe oder ob ihr die Jugend gehöre und sie darum der Zukunft sicher sei. «Schweizerisches Protestantenblatt», 1890, Nr. 32.

2. *Unser Reformideal.* Vortrag, gehalten im religiös-liberalen Verein St. Gallen, Januar 1892. «Schweiz. Protestantenblatt», 1893, Nr. 8–11.

3. *Das Evangelium Jesu Christi und die Moralphilosophie der Gegenwart.* Vortrag, gehalten an der Jahresversammlung der Schweiz. reform. Prediger-Gesellschaft in Chur, 30. Aug./ 1. Sept. 1897. Erschienen in den «Verhandlungen der Schweiz. reform. Prediger-Gesellschaft», 1897. S. A I Nr. 2.

4. *Gedanken über Wesen und Walten der «Erzieherliebe».* In «Bündner Seminar-Blätter», V. Jhg., Nr. 5, März 1899.

5. *Zur Philosophie des Glaubens.* In «Protestantische Monatshefte», 3. Jhg., Heft 7/8, 1899.

6. *Männliches Christentum.* «Schweiz. Protestantenblatt» 1900, Nr. 14–17. Vgl. A I Nr. 3.

7. *Religiöse und soziale Bewegung.* «Schweiz. Protestantenblatt» 1903, Nr. 32.

8. *Noch einmal die zwei Bücher.* Zu einem Aufsatz von N. Hauri über H. Kutter, «Sie müssen», und Faber, «Das Christentum der Zukunft». «Schweiz. Theologische Zeitschrift» 1905.

9. *Das Evangelium und der soziale Kampf der Gegenwart.* Vortrag, gehalten an der Jahresversammlung der Schweiz. reform. Pre-

diger-Gesellschaft in Basel, Sept. 1906. Erschienen in den «Verhandlungen der Schweiz. reform. Prediger-Gesellschaft», 1906. S. A I Nr. 9.

10. *Der Christ im sozialen Kampf der Gegenwart.* Vortrag, gehalten an der XII. Christl. Studenten-Konferenz in Aarau 1908. Im Konferenzbericht, Verlag von A. Francke, Bern.

11. *Der Fremdling in deinen Toren.* «Schweizerischer Heimkalender» auf das Jahr 1909. Abgedruckt im «Kristall», einer Beilage zur «Neuen Bündner Zeitung», am 25. Juli 1927.

12. *Gibt es neue Moral?* Ein akademischer Vortrag, gehalten im Rathaus zu Zürich. In «Wissen und Leben», 1911.

13. *Was ist uns Jesus Christus?* Vortrag, gehalten in Basel 1911. Erschienen in «Unsere Kirche. Worauf sie ruht und was sie soll.» Vier Vorträge zur Besinnung und Verständigung, herausgegeben von den Freunden der «Neuen Wege» in Basel. Verlag von Helbing und Lichtenhahn, Basel 1911. Aufgenommen in A I Nr. 24. S. D Nr. 19.

14. *Jesus, Christentum und Reich Gottes.* Vortrag, gehalten an der XVI. Christl. Studenten-Konferenz in Aarau 1912. Im Konferenzbericht, Verlag von A. Francke, Bern. Aufgenommen in A I Nr. 24.

15. *Was heisst sozial?* Correspondenzblatt für studierende Abstinenten, 16. Jhg., Mai 1912.

16. *Die sittlichen Ziele der Volksgemeinschaft.* Vortrag, gehalten an der XX. Christl. Studenten-Konferenz in Aarau 1916. Im Konferenzbericht, Verlag von A. Francke in Bern.

17. *Von Universitäten und akademischer Bildung.* «Der Freistudent», Zürich 1917.

18. *Zur Methode der Schulreform.* «Neue Schweizer Zeitung» 1919, Nr. 69/70.

19. *Was sollen wir denn tun?* Vortrag, gehalten an der XXVI. Aarauer Studenten-Konferenz 1922. Im Konferenzbericht. Der Neue Geist-Verlag, Leipzig.

20. *Von Religion und Schule.* In «Das werdende Zeitalter», 2. Jhg., 2. Heft, 1923.

21. *Christliche Revolution.* Rede, gehalten an der Konferenz des Versöhnungsbundes in Nyborg, Juli 1923. «Die Eiche», 1924, Nr. 1. S. A IV Nr. 25.

22. *Etwas von Evangelium und «Evangelisch-Sozial».* Eine Auseinandersetzung. «Der Aufbau» 1925, Nr. 38.

23. *Nochmals Evangelium und «Evangelisch-Sozial».* Ein notgedrungenes Schlusswort. «Der Aufbau» 1925, Nr. 51.

24. *Organisation und Liebe.* «Pro Juventute» 1926, Nr. 4. Abgedruckt in «Ethik» 1926, Nr. 3 (Halle a. d. Saale).

25. *Von Religion, Demokratie und Schweizerjugend.* Zentralblatt der «Zofingia», Juli 1926.

26. *Unser Weg.* «Die Wegwarte», Mai/Juni 1927.

27. *Die Volkshochschule der Arbeiterschaft.* Einige Gedanken zur Arbeiterbildung. «Der Aufbau» 1927, Nr. 43/44.

28. *Die Kirchen und der Klassenkampf.* In «Stockholm», Internationale sozial-kirchliche Zeitschrift 1928, Nr. 1.

29. *Jesus Christus und die Gewaltlosigkeit.* In «Gewalt und Gewaltlosigkeit», Handbuch des aktiven Pazifismus, herausgegeben von F. Kobler. 1928, Rotapfel-Verlag, Erlenbach. Abgedruckt in «Der Aufbau» 1928, Nr. 49, und «Neue Wege» 1928.

30. *Richard Rothe über Verweltlichung des Christentums.* In: «Aus unbekannten Schriften», Festgabe für Martin Buber zum 50. Geburtstag. Verlag Lambert Schneider, Berlin 1928.

31. *Zur Begründung des Sozialismus.* Votum an der sozialistischen Tagung in Heppenheim a. B., Pfingstwoche 1928. In «Sozialismus aus dem Glauben», Rotapfel-Verlag, Erlenbach, 1929.

32. *Jesus-Christ et le Dieu personnel.* «Le Christianisme social», décembre 1928, und Bulletin de «la Réconciliation».

33. *Was ist religiöser Sozialismus?* Zeitschrift für Religion und Sozialismus 1929, Nr. 1.

34. *Die Bergpredigt und die Politik.* In «Die Gandhi-Revolution», zu Gandhis 60. Geburtstag herausgegeben von Fr. Diettrich. 1930, Verlag Wolfgang Jess in Dresden. S. B II Nr. 68.

35. *Von der schweizerischen religiös-sozialen Bewegung zur dialektischen Theologie.* In «Reich Gottes – Marxismus – Nationalsozialis-

mus. Ein Bekenntnis religiöser Sozialisten.» Herausgegeben
von G. Wünsch. 1931, Verlag von J. C. B. Mohr (P. Sie-
beck), Tübingen. S. A I Nr. 36 und B II 79.

36. *Where is the Kingdom of God?* «The Socialist Christian», IX,
Nr. 9. London, Oktober 1939.

37. *Von der Volkshochschule.* Einundzwanzig Thesen. «Der Aufbau»,
1941, Nr. 30.

38. *Die Bibel und die Flüchtlinge.* In «Die Frau in Leben und Ar-
beit», 1942, Nr. 10.

39. *Actualité de Calvin.* «Traits», V^e année, n° 5, juin 1945. S. B II
Nr. 116.

III. AUFSÄTZE UND ARTIKEL ZUR POLITIK
UND ZUM ZEITGESCHEHEN

1. *Der Burenkrieg.* «Schweizerisches Protestantenblatt», 1902,
Nr. 26/27.

2. *Was sagen uns die deutschen Reichtagswahlen?* Eine Meinung dar-
über. «Schweiz. Protestantenblatt», 1903, Nr. 28.

3. *Die Schweiz im Weltbrand.* Von Helveticus. Erschienen im
«Grütlianer» im September 1914. S. A III Nr. 2.

4. *Von den letzten Voraussetzungen der schweizerischen Unabhängigkeit.*
Votum an der Versammlung schweiz. Hochschullehrer in Bern,
November 1915. In «Wissen und Leben», 1916. S. A I Nr. 17.

5. *Nochmals von den letzten Voraussetzungen unserer geistigen Unabhän-
gigkeit.* Replik. In «Wissen und Leben», 1916. S. A I Nr. 17.

6. *Die geistige Untergrabung der Schweiz.* Eine Antwort an die
Basler Theologen. In «Wissen und Leben», 1916. S. A I
Nr. 17.

7. *Worum handelt es sich?* Ein letztes Wort. In «Wissen und Le-
ben», 1917.

8. *Friede und Friede.* Offene Antwort an Pfr. W. in der «Neuen
Zürcher Zeitung», Januar 1918, Nr. 41 und 44. S. D Nr. 18.

9. *Die Krise des Sozialismus.* «Freie sozialistische Blätter», Nr. 1,
März 1919.

10. *Wahre und falsche Revolution.* «Freie sozialistische Blätter»,
Nr. 4, Mai 1919.

11. *An einen französischen Freund.* «Neue Schweizer Zeitung», 1919, Nr. 40.

12. *Deutschland und wir.* Zum geistigen Friedensschluss. Süddeutsche Monatshefte, Jhg. 16, Heft 11. Sonderheft: «Die Schweiz spricht zu uns» (1919).

13. *Zum Pariser Frieden.* In Alfred Fried, «Der Weltprotest gegen den Versailler Frieden». Leipzig 1920, Verlag «Der neue Geist». S. B IV Nr. 30.

14. *Die soziale Demokratie und die u..lsche Schweiz.* Deutsche Übertragung aus dem «Essor». In «Neue Schweizer Zeitung», 1920, Nr. 25.

15. *Glaube und Skepsis gegenüber dem Völkerbund.* Eine Antwort an den Skeptiker (O. V.). «Der Aufbau», 1920, Nr. 20. Abgedruckt in «Neue Schweizer Zeitung», 1920, Nr. 34.

16. *Der Völkerbund und die Mission der Schweiz.* «Neue Schweizer Zeitung», 1920, Nr. 38.

17. *Für Wilson.* Unsere Stellung zu Amerika. Auseinandersetzung mit Emil Brunner. «Der Aufbau», 1920, Nr. 55, und 1921, Nr. 4.

18. *La démocratie nouvelle.* «Nouvel Essor», numéro du 20 janvier 1923. S. A I Nr. 29.

19. *Partei und Völkerbund.* Erwiderung. (Winterthurer) «Arbeiterzeitung», 1924, Nr. 266.

20. *Wie ist unser Kampf gegen den Krieg gemeint?* Eine Richtigstellung, «Der junge Mann», 1926, Nr. 2/3.

21. *Worum handelt es sich?* Ein letztes Wort zum sozialdemokratischen Parteitag vom 6. November. «Der Aufbau», 1926, Nr. 45. (Zum Eintritt in die dritte Internationale und zur Behandlung der Militärfrage.)

22. *Ist das Milizheer ein Schutz gegen den Militarismus?* Erschienen in der «Friedenswarte» 1927 und vom Bund der Kriegsdienstgegner als Flugblatt herausgegeben. Abgedruckt im «Sächsischen Volksblatt», 1927, Nr. 98. S. B III Nr. 45.

23. *Abrüstung, Preussentum und Evangelium.* Ein Briefwechsel zwischen L. R. und Fr. W. Foerster. In «Die Menschheit», 1928, Nr. 5.

24. *Soll das goldene Kalb die Schweiz regieren?* «Volksstimme», 1928, Nr. 280.

25. *Sozialismus und Militärfrage.* Zeitschrift für Religion und Sozialismus, 1929, Nr. 2.

26. *Der Sinn der Friedensbewegung.* «Kommende Gemeinde», 1.Jhg., Heft 3/4 (1929).

27. *Zur Kritik des gemässigten Pazifismus.* «Der Aufbau», 1931, Nr. 32.

28. *Le Renouvellement du Socialisme.* In «Almanach Socialiste», 1934, La Chaux-de-Fonds.

29. *Sozialismus und Landesverteidigung.* Ein Wort zur Parteidiskussion. «Der Aufbau», 1934, Nr. 51. S. A III Nr. 9.

30. *Jahresbericht 1934* der Schweizerischen Zentralstelle für Friedensarbeit (Januar 1935).

31. *Jahresbericht 1935* der Zentralstelle für Friedensarbeit (Februar 1936).

32. *Wahrheit und Frieden.* Memorial für die englischen und französischen Gesinnungsgenossen. «Der Aufbau», 1936, Nr. 16/17. Abgedruckt in «Nie wieder Krieg!» S. D Nr. 21.

33. *Bericht über das Jahr 1936* der Zentralstelle für Friedensarbeit (Januar 1937).

34. *Die Friedenspolitik der kleinen Staaten.* In RUP, Weltaktion für den Frieden. 1937.

35. *Bericht über das Jahr 1937* der Zentralstelle für Friedensarbeit (März 1938).

36. *Bericht über das Jahr 1938* der Zentralstelle für Friedensarbeit (Mai 1939).

37. *Sinn und Wert unserer Friedensarbeit.* Jahresbericht der Zentralstelle für Friedensarbeit für das Jahr 1939 (Mai 1940).

38. *Sinn und Aussicht unserer Arbeit.* Jahresbericht der Zentralstelle für Friedensarbeit für das Jahr 1940 (1941).

39. *Die geistigen Grundlagen des Friedens.* In «Die neue Friedensordnung, ihre politischen, wirtschaftlichen, sozialen und geistigen Grundlagen», herausgegeben von der Weltaktion für den Frieden (RUP), Schweizer Zweig (1941). S. B III Nr. 73.

40. *Die Lage unserer Sache und die heutige Aufgabe.* Jahresbericht der Zentralstelle für Friedensarbeit für das Jahr 1941 (Juni 1942).

41. *Von Kampf und Sieg der Friedenssache.* Jahresbericht der Zentralstelle für Friedensarbeit für das Jahr 1942 (Mai 1943).

42. *Ein Aufruf zur Besinnung.* Ohne Angabe des Verfassers herausgegeben von der Arbeitsgemeinschaft «Neue Demokratie». Erschienen in «Der neue Bund», 1943, Nr. 7/8. S. A III Nr. 17.

43. *Die neue Gestalt des Kampfes um den Frieden.* Jahresbericht der Zentralstelle für Friedensarbeit für das Jahr 1943 (November 1944).

44. *Das Jahrhundert des Volkes.* Einführung zum Buch von Henry Wallace. Steinberg-Verlag, Zürich 1945. S. B VII Nr. 59.

IV. GESCHICHTLICHES, BIOGRAPHISCHES, PERSÖNLICHES

1. *Aus Graubünden* (von der bündnerischen Synode). «Schweiz. Protestantenblatt», 1891, Nr. 28.

2. *Ein Führer zu Gott.* Zum Tode von R. A. Lipsius. «Schweiz. Protestantenblatt», 1892, Nr. 45.

3. *Ferientage in der Bretagne.* Neun Ferienbriefe. «Schweiz. Protestantenblatt», 1893, Nr. 40–49.

4. *Pfr. Rudolf Grubenmann †.* «Schweiz. Protestantenblatt», 1895, Nr. 33.

5. *Das rätische Volkshaus in Chur.* «Der freie Rätier», 1901. Als Separatdruck erschienen bei Manatschal, Ebner & Cie., Chur 1901.

6. *Dekan Leonhard Herold.* «Schweiz. Protestantenblatt», 1902, Nr. 21.

7. *Prof. Dr. theol. Paul W. Schmiedel zum Gruss.* Zu dessen 25jährigem Jubiläum als akademischer Lehrer. «Schweiz. Protestantenblatt», 1903, Nr. 46.

8. *Pfingsteindrücke.* «Schweiz. Protestantenblatt», 1903, Nr. 25/26.

9. *Leichenrede auf Nationalrat Stefan Gschwind.* Gehalten am 1. Mai 1904 in Oberwil. In «Erinnerungen an Nationalrat St. G.»,

gesammelt von Arnold Gutzwiler. Verlag Birsecksche Produktions- und Konsumgenossenschaft Oberwil.

10. *Präsident Paul Krüger †*. «Schweiz. Protestantenblatt», 1904, Nr. 30.

11. *Girolamo Savonarola*. Ein Prophetenleben. «Schweiz. Protestantenblatt», 1905, Nr. 1–5. S. A I Nr. 8.

12. *Pestalozzi*. Monatsanzeiger des Christlichen Vereins Junger Männer in Plauen i. V., 1913, Nr. 6.

13. *Walter Rauschenbusch*. Einführung zu W. Rauschenbusch, «Die religiösen Grundlagen der sozialen Botschaft», Rotapfel-Verlag Erlenbach, 1922.

14. *Die religiös-soziale Bewegung in der Schweiz*. Zur Berichtigung. Im «Monatsblatt der Sozialen Arbeitsgemeinschaft evangelischer Männer und Frauen Thüringens», 1927, Nr. 5.

15. *Zu Martin Bubers fünfzigstem Geburtstag*. «Das jüdische Heim», Zürich 1928.

16. *Waarom ik antimilitarist ben*. In «De Wapens neder», Kerstnummer 1928, Den Haag.

V. VON BÜCHERN

1. *Ein Restaurationsversuch*. Zu *Furrer*, «Glaubensbekenntnis der abendländischen Kirchen, gen. das apostolische Symbolum». «Schweiz. Protestantenblatt», 1891, Nr. 30 (gez. L. R.).

2. *Jesus Christus und das Gemeinschaftsleben der Menschen*. Zu O. Holtzmanns Buch. «Schweiz. Protestantenblatt», 1893, Nr. 6.

3. *Fermont*. Zu Walther Siegfried, «Fermont». «Schweiz. Protestantenblatt», 1894, Nr. 13.

4. *Früchte vom Baum der neuen Theologie*. Eine Bücherschau. «Schweiz. Protestantenblatt», 1904, Nr. 48.

5. Zu *E. Fuchs*, «Vom Werden dreier Denker» (Fichte, Schelling, Schleiermacher). «Schweiz. Theologische Zeitschrift», 1904.

6. *Aus der andern welschen Schweiz*. Zu Edouard Claparède, Morale et Politique ou les vacances de la probité. «Der Aufbau», 1941, Nr. 29.

D. ÜBERSETZUNGEN

1. Zu A I Nr. 13: Dänisch: *Dit rige komme.* København 1911. Schwedisch: Tillkomme ditt rike. Stockholm 1920.
2. Zu A I Nr. 17: Französisch: *L'indépendance intellectuelle de la Suisse.* Zurich 1917.
3. Zu A I Nr. 18: Französisch: *La Suisse Nouvelle.* Edition Atar, Genève, 1918.
Italienisch: *La nuova Svizzera.* Lugano/Bellinzona.
4. Zu A I Nr. 19: Holländisch: *De Paedagogische Revolutie.* Vertaald door E. van Senden-Kehrer. Uitgave van J. Ploegsma, Zeist, 1922.
5. Zu A I Nr. 21: Italienisch: *Socialismo e violenza.*
6. Zu A I Nr. 25: Finnisch: *Valtakunnan Evangeliumi. Johann Christoph Blumhardtin ja Christoph Friedrich Blumhardtin julistuksessa ja elämäntyössä.* Verlag Werner Söderström, Osakeyhtiö 1928.
7. Zu A I Nr. 31: Französisch: *Le Désarmement comme Mission de la Suisse.* Résumé et traduit par Alice Descoeudres. Genève 1928.
8. Zu A I Nr. 35: Holländisch: *Van Christus tot Marx en van Marx tot Christus.* Vertaald door E. Brouwer. Uitgave van Bijleveld, Utrecht.
Tschechisch: *Od krista k marxovi – od marxe ke kristu.* Praha 1935.
Hebräisch: Der 4. Vortrag über Christentum und Sozialismus: *haddat wehasozialismus* in am adam, herausgegeben von Hugo Bergmann & Hans Kohn, Jerusalem 1930.
9. Zu A I Nr. 37: Französisch: *Une armée de milice sert-elle la cause de la paix?*
Englisch: *The militia system a guarantee for peace?*
10. Zu A II Nr. 10: Französisch: *Non pas la paix, mais l'épée!* Alençon et Cahors, Impr. Coueslant.
Dänisch: *Ikke Fred, men Swaerd!* In «Freds-Varden», København, September 1913.

11. Zu A III Nr. 4: Holländisch: *Het Kruis van Christus en het hakenkruis*. Manifest van het International Comité van Religieus-Socialisten.

12. Zu A III Nr. 15: Französisch: *Liberté de parole*. Separatabdruck aus «Traits», IIe année, Nr. 1. November 1941. Edité par l'Action «Nouvelle Démocratie».

13. Zu B I Nr. 27: Holländisch: *De schepping en verlossing van de Vrouw*. In «Levenskracht», 14e Jaargang No. 8, Augustus 1920.

14. Zu B I Nr. 105: Holländisch: *Mogen wij Kerstmis vieren?* Kerstboodschap, uitgegeven door de Broederschap der Verzoening, Holland. December 1933.

15. Zu B I Nr. 189: Schwedisch: *Anden som vapen*. Broderskap, 1942. 11. VII. und 18. VII. (Stockholm).

16. Zu B II Nr. 7: Französisch: «*Christianisme et Patrie*». «Le Christianisme social». Février 1912. Traduit de l'allemand par E. Pieczinska.
Dänisch: *Kristendom og Faedreland*. København 1912.

17. Zu B II Nr. 63: Holländisch: *Rusland*. Vertaald door J. A. Courrech-Staal-de Roever.

18. Zu B III Nr. 8: Holländisch: *De strijd tegen de genotzucht*. 1918.

19. Zu C II Nr. 13: Dänisch: *Jesus Kristus. Hvad er han for os?* København 1911.

20. Zu C III Nr. 8: Französisch: *Il y a paix et paix*. Genève 1918.

21. Zu C III Nr. 32: Englisch: *Truth and Peace*.
Französisch: *Vérité et Paix*. Abgedruckt in «Clarté».

Vgl. auch A I Nr. 29, 40, 45, A V Nr. 56, C II Nr. 32, 36, 39, C III Nr. 14, 18, 28, C IV Nr. 16.